APERÇU

SUR LA

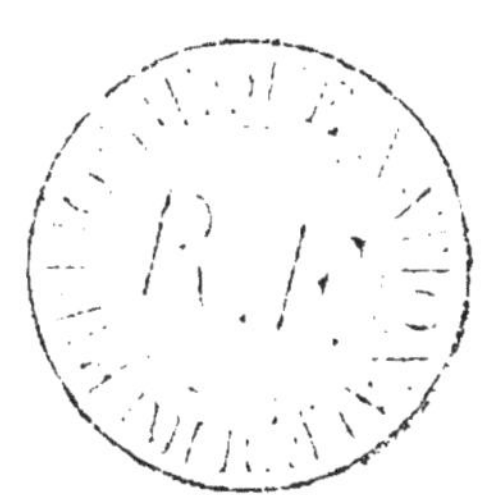

NOUVELLE LÉGISLATION DE LA PRUSSE

EN MATIÈRE DE PROCÉDURE CIVILE ET CRIMINELLE.

❀❀❀

Extrait de la *Revue de Droit français et étranger*,
publiée à Paris par MM. FOELIX, DUVERGIER, VALETTE, BONNIER, LAFERRIÈRE
et BERGSON, tome IV, 1847,
éditée par JOUBERT, libraire de la Cour de cassation.

❀❀❀

PARIS. — IMPRIMERIE DE FAIN ET THUNOT,
Rue Racine, 28, près de l'Odéon.

APERÇU

SUR LA

NOUVELLE LÉGISLATION

DE LA PRUSSE

EN MATIÈRE

DE PROCÉDURE CIVILE ET CRIMINELLE.

PAR

JULES BERGSON,

DOCTEUR EN DROIT.

PARIS.

JOUBERT, LIBRAIRE DE LA COUR DE CASSATION,

RUE DES GRÈS, 14, PRÈS DE L'ÉCOLE DE DROIT.

1847

APERÇU

SUR LA

NOUVELLE LÉGISLATION DE LA PRUSSE

EN MATIÈRE DE PROCÉDURE CIVILE ET CRIMINELLE.

1. Depuis longtemps on s'est habitué à voir en Prusse les réformes s'accomplir par une voie aussi sûre que mesurée, les développements que les progrès du temps amènent dans les institutions s'effectuer graduellement et s'introduire avec autant de justesse que d'à-propos. La Prusse semble s'être donné la mission de conduire l'Allemagne et d'y prendre l'initiative en toutes choses. Cette observation nous est suggérée par les deux lois promulguées au mois de juillet dernier, et par lesquelles la procédure civile et l'instruction criminelle viennent d'être organisées sur des bases entièrement nouvelles. On y rencontre en effet des principes ignorés jusqu'à ce jour dans la procédure allemande. Ainsi le ministère public, la discussion orale, la publicité des audiences vien-

nent remplacer l'instruction écrite et le secret, qui seuls présidaient aux procédures. Tout en respectant et en conservant ce qui pouvait être respecté et conservé du passé, on s'est attaché à le mettre en rapport avec nos institutions actuelles mûries par l'expérience, et on a cherché à ménager la réunion et la transition des anciennes institutions aux nouvelles. L'observateur trouve dans l'étude de ces deux lois, surtout de celle qui est relative à la procédure civile, la tentative heureuse et intéressante d'allier des principes en apparence opposés, pour les faire fonctionner ensemble et se compléter mutuellement.

PREMIÈRE PARTIE. — Examen de la loi du 21 juillet.

Section I. — *Considérations générales.*

2. Le grand Frédéric a tenté dans la procédure civile une mesure que plus tard, pendant la Révolution, on a vu se reproduire en France. Comme les hommes de la Révolution française, il a voulu, en supprimant l'institution des mandataires et défenseurs légaux, renverser la barrière qui s'était élevée entre les parties et les juges. Mais tandis que la Révolution ne voyait dans cette institution qu'un privilége à anéantir avec tant d'autres, le grand monarque, réédifiant aussitôt là où il venait de détruire, a cherché à remplir la lacune que la suppression d'une partie aussi importante de l'administration judiciaire devait laisser. Il fut surtout frappé de la longueur interminable des procès qui se perdaient dans le nombre infini des écritures, au milieu desquelles les juges se débattaient péniblement dans des efforts stériles : et, selon l'expression pittoresque d'un auteur, « se trouvaient réduits à l'état de mannequins obéissant aux mouvements des ficelles qui les tirent et les font pencher alternativement d'un côté ou de l'autre. » Après bien des tentatives, il se décida à remettre aux soins de la magistrature elle-même la recherche des moyens et défenses des plaideurs et l'instruction des affaires. Il est intéressant de parcourir l'historique de ces essais, qui ont précédé la création d'une des œuvres les plus logiques et les plus originales que renferment les annales de la procédure.

3. Ce fut par la publicité et le débat oral qu'on débuta. D'après le *Codex Fridericianus Marchicus* [1], promulgué en 1748, les demandes et requêtes des parties devaient être présentées de vive voix à l'audience par des avocats; tous les membres du corps judiciaire y étaient admis; les décrets et les sentences définitives du tribunal devaient aussi être prononcés à l'audience.

Plus tard l'ordonnance du 15 janvier 1777, destinée à abréger les procès, s'expliqua ainsi : « Ordinairement les procès seront traités par *plaidoyers* devant les tribunaux du pays. Après avoir entendu l'avocat du demandeur et celui du défendeur dans leurs exposés, le tribunal devra désigner, suivant l'état des affaires, un (ou deux) de ses membres, lequel se fera remettre par les avocats les pièces et documents, que ceux-ci seront tenus d'apporter à cet effet : quand il les aura lus et examinés, il fera au prochain jour d'audience un rapport, et le tribunal, après l'avoir entendu, entrera en délibération et rendra aussitôt la sentence définitive. »

Bientôt le législateur revint sur son œuvre. Il déclara son impuissance à détruire les abus, tant que la profession des défenseurs légaux continuerait à subsister. « Tous les remèdes, dit-il [2], employés dans le but de prévenir les abus des avocats dans la manière dont ils introduisent les procès et y apportent la confusion et les longueurs, ne pourront pas avoir d'effet tant que l'affaire sera, dès le début, entre leurs mains. » En conséquence, il se décida à confier aux juges mêmes le soin de rechercher et de constater les faits. Il posa, pour but du système de procédure, « de mettre le juge en état de rechercher lui-même la *vérité*, de

---

[1] Mylius, *Novum corpus constitutionum Marchicarum*, t. VI, n° 3, § 4.
[2] Dans la préface du *Corpus juris Fridericianum* publié le 26 août 1781, p. xxi.

retrouver et de constater les *faits*, et d'employer à cet effet tous les moyens licites et en rapport avec l'affaire. » « Il est contraire à la nature des choses et au témoignage de l'histoire, » est-il encore dit dans l'ordre de cabinet du 14 avril 1780 [1], « que les parties ne puissent adresser directement leurs plaintes et leurs demandes au juge, et qu'elles soient dans la nécessité de faire exposer leurs besoins par des avocats salariés; il importe à ces avocats que les procès soient multipliés et traînés en longueur, car de là dépendent leurs profits et leur bien-être. »

Par suite de la suppression des avocats, le tribunal devait lui-même nommer à chacune des parties en litige un défenseur officieux (*assistenzrath*); ces défenseurs devaient, après avoir entendu les parties en leurs explications, en dresser procès-verbal et rédiger ensuite les actes de demande et de défense, pour remettre ensuite le tout au tribunal. « Ces défenseurs, » fut-il énoncé, « ne sont pas les avoués et salariés des parties, mais les assistants et les aides du tribunal qu'ils doivent aider dans la recherche et la constatation de la vérité. »

C'est là que s'est arrêtée l'œuvre de Frédéric II. Mais le principe avait été posé, et il se retrouve, développé avec une rigueur logique, dans le Code de procédure publié le 6 juillet 1793. Ajoutons toutefois que de prime abord on fut dans la nécessité d'admettre de nombreuses modifications.

4. Toute espèce d'intermédiaires entre le juge et les parties fut définitivement supprimée dans ce nouveau Code; on effaça jusqu'au nom des avocats, ainsi que la création des défenseurs officieux établie par le Code de 1781. Après avoir supprimé les avocats, il fallait confier leurs priviléges et leurs fonctions aux

---

[1] *Corpus juris Fridericianum*, préface, p. XXII et XXIII.

magistrats eux-mêmes ; ce furent eux qui furent chargés de l'instruction des affaires contentieuses ; la recherche et la constatation des points de fait devinrent une partie intégrante des attributions judiciaires. Le juge devait entendre les parties, peser leurs
prétentions, leurs preuves, et parvenir ainsi à la véritable connaissance du procès. Désormais il ne dut plus se borner à prononcer sur les points de contestation soumis à sa décision et à
établir par là une espèce de vérité *formelle* ; il lui fut ordonné au
contraire « de descendre, en dehors des conclusions des parties,
dans les profondeurs du litige, de s'assurer de l'état réel et véritable des choses, d'examiner lui-même et avec indépendance les
faits produits dans le cours de l'instance, de retrouver et de constater la vérité par la voie la plus directe et la plus sûre [1]. » Dans
cet examen, il devait se diriger exclusivement par ses propres vues
et choisir les moyens les plus certains pour faire jaillir la vérité.
De là cette conséquence que l'examen des faits devint la principale fonction du juge, et le jugement n'en fut que la suite
naturelle et tout à fait accessoire ; aussi le jugement changea-t-il
de caractère. Ce ne fut plus la vérité relative telle qu'elle résulte
des prétentions opposées des parties en procès, mais une vérité
absolue telle qu'on la poursuit en matière d'instruction criminelle, ou, pour emprunter les expressions allemandes, la vérité
formelle dut céder devant la vérité *matérielle* des jugements.

5. Néanmoins en remettant au juge l'opération préparatoire de
l'instruction des procès civils, on se vit obligé de séparer cette opération de celle qni est purement judiciaire : le travail préliminaire,
ne pouvant pas être fait par le tribunal assemblé, fut confié à des
membres délégués du tribunal, notamment à celui qui reçut le

---

[1] §§ 6, 7 et 10 de l'introduction du Code de 1793.

nom significatif de juge d'instruction (*instruent*) : celui-ci fut chargé de recevoir les parties, de les entendre alternativement, et de rédiger en leur présence le procès-verbal de leurs déclarations. Pour contrôler son travail, qui devait servir de base au jugement à prononcer par le tribunal, il lui fut adjoint un autre membre qui, sous le nom de *decernent*, fut investi du pouvoir de rendre les décrets et ordonnances concernant l'instruction du procès. Un troisième juge, qui reçut le nom de juge-rapporteur (*referent*), devait se faire remettre le procès-verbal ou protocole dressé par le juge d'instruction, l'examiner et présenter au tribunal assemblé un rapport avec un projet de jugement. Une surveillance active et constante des membres délégués fut recommandée au président du tribunal.

Le tribunal n'avait aucun moyen de prendre directement connaissance des faits : la comparution et l'audition des parties, celle des témoins, la production et l'examen des pièces, tout se faisait en son absence et par un ou deux juges délégués, car le juge rapporteur même ne recevait de l'affaire qu'une connaissance indirecte par l'examen du procès-verbal, et avait tout au plus la faculté de faire compléter le travail par le juge d'instruction. La vérité des faits arrivait ainsi au tribunal par un triple organe, et après avoir subi, pour ainsi dire, une triple transformation. En définitive, le but qu'on s'était proposé en voulant supprimer la barrière existant entre les parties et le juge, et créer des rapports immédiats et directs entre ces derniers, fut manqué : l'organe intermédiaire fut changé seulement ; au lieu d'avocats, ce furent alors des juges qui se trouvèrent investis du double rôle de veiller aux intérêts des parties et de rétablir la vérité des faits.

6. Le principe que le juge était tenu de rechercher la vérité en dehors de la volonté et des conclusions des parties, est énoncé

expressément dans plusieurs passages du Code de 1793 : ainsi nous lisons, dans le § 10 de l'introduction, que le juge, dans l'instruction d'un procès, doit s'efforcer de reconnaître et de découvrir la vérité des faits par la voie la plus sûre et en même temps la plus directe; de même, dans le § 17 de l'introduction, il est dit que le juge a le droit et qu'il est de son devoir d'employer tous les moyens pour arriver à la constatation de la vérité, même sans la demande expresse des parties. D'après le § 34 du titre 8, t. I, les tribunaux ne sont astreints à aucunes limites à l'égard tant du nombre que de la durée des délais dans le cours d'un procès; de sorte qu'il leur est défendu « de presser les parties pour satisfaire à de simples formalités et de souffrir impunie la chicane cachée derrière ce manteau. »

Dès le début toutefois le législateur s'est vu dans la nécessité d'apporter certaines restrictions à la logique rigoureuse de son œuvre : ainsi il constitua une théorie des preuves dans laquelle la place principale fut réservée à l'aveu; il prescrivit que, dans la rédaction de la demande et de la défense des adversaires, le juge ne perdît pas de vue leurs conclusions formelles. Les peines sévères qu'il prononça en cas de défaut et de désobéissance aux ordonnances du juge, quoiqu'il y vît une atteinte portée à l'autorité judiciaire [1], sont cependant peu conformes au principe qui cherchait dans la constatation de la vérité matérielle le but suprême de la justice civile. En contradiction avec le § 34 précité, des délais péremptoires furent établis [2]. On alla même plus

---

[1] § 14 de l'introduction : « La dissimulation ou la réticence volontaire de la vérité est punie par la loi avec des peines sévères. Le refus persévérant de s'expliquer sur des faits du procès, malgré l'invitation du juge, aura pour effet de faire considérer les faits comme établis ou non établis, selon qu'il sera plus préjudiciable au désobéissant. »

[2] §§ 107, 225, 226, tit. 10, t. I du Code général de procédure.

.oin : le juge d'instruction fut chargé d'une mission concilia-
trice ; il devait constamment, dans le cours ae l'instruction, ten-
ter de rapprocher les adversaires [1]. Il est évident qu'il a été impossible au législateur de rompre entièrement avec les traditions
de la procédure civile.

7. Pour assurer le succès de cette tentative hardie dont nous
venons de tracer les traits généraux, et par laquelle le cercle
de l'activité judiciaire fut si démesurément agrandi, il aurait
fallu, d'un autre côté, aplanir la tâche des tribunaux, en les dé-
barrassant d'une foule d'occupations étrangères à leur véritable
mission, ou qui pouvaient sans inconvénients être confiées à des
mains tierces. Il n'en fut pas ainsi : les tribunaux furent au contraire surchargés de travaux de toute espèce : de la tenue des livres
et registres hypothécaires, de l'exécution d'un système de tutelle
expliqué dans ses moindres détails, et qui nécessitait leur intervention constante, de l'administration des fonds destinés à faire
face aux frais de justice ou provenant des dépôts et consignations
faits en justice, et enfin d'autres fonctions administratives. Peut-il
après cela paraître étonnant que le nouveau système de procédure ait dès l'origine manqué en grande partie son but ?

Les tribunaux succombant sous le faix des occupations les plus
diverses, et dont les membres pouvaient à peine respirer sous la
quantité des décrets à rendre, des rapports à faire, des affaires administratives à gérer ou à contrôler, se voyaient dans la nécessité
de confier l'œuvre de l'instruction des affaires contentieuses à
leurs membres les plus jeunes sortis à peine des écoles, aux *auscultateurs* et aux *référendaires*.

---

[1] § 30 de l'introduction : « Aussitôt que le juge d'instruction sera en mesure
d'apprécier l'ensemble de l'affaire, il devra chercher surtout à terminer l'affaire
par une transaction. »

Le Code de 1793, en effaçant jusqu'au nom des avocats auquel fut substitué celui de *commissaires de justice*, avait placé ces derniers dans une dépendance complète des juges d'instruction. Ils devaient, suivant les circonstances, se faire donner par ces derniers des commissions précises à l'effet de prendre certaines informations; ils ne devaient pas, en général, être admis à se présenter pour les parties : à cet égard il ne fut établi d'exception que dans les causes ayant pour objet des engagements liquides ou dont l'instruction s'annonçait comme peu compliquée, et dans ces cas mêmes, si, par la suite, l'instruction venait à se compliquer, la permission de comparaître pour les parties devait leur être retirée [1].

Mais telle fut la force des choses, que la profession des défenseurs légaux survécut à toutes les restrictions, pour reparaître bientôt avec l'autorité et la part d'influence qui lui est due dans la distribution de la justice. Mis en présence de juges neufs et inexpérimentés, ils venaient apporter à la mission aussi délicate que pénible de ces derniers le secours de leur expérience et de leurs lumières. Leur intervention dans les procès devint de plus en plus fréquente. Elle était favorisée tout autant par la connivence des juges délégués et la tolérance des tribunaux, que par les vœux des parties, et à la fin les choses étaient arrivées au point que le principe sanctionné dans le Code de procédure de 1793 se trouva tombé en oubli, et abandonné notamment par les tribunaux supérieurs formant des colléges de justice.

Ce fut dans les tribunaux inférieurs seulement, composés en grande partie de juges uniques, que le système se conserva intact; mais, dans un grand nombre de causes et dans les plus im-

---

[1] Code de 1793, tit. 3, §§ 7, 8, 9; tit. 10, § 14.

portantes, il n'existait plus en dernier lieu que de nom ; et cette conviction avait gagné tous les esprits, que l'observation stricte du système était sinon impossible, au moins pleine de difficultés.

8. Tel était l'état des choses en 1833 : d'un côté, un Code de procédure renfermant un grand nombre de dispositions qui n'avaient jamais été appliquées, ou qui étaient tacitement abrogées; d'un autre côté, des institutions qui avaient survécu aux restrictions et aux proscriptions du législateur, et subsistaient vivaces et plus puissantes qu'auparavant.

Ce fut alors que deux avocats ou commissaires de justice distingués de Berlin, MM. Marchand et Kunowski, présentèrent au Roi, le 9 novembre 1831, un mémoire qui a paru depuis sous ce titre :

« De quelques obstacles fondamentaux que le Code de procédure prussien oppose à la bonne administration de la justice par les tribunaux. »

Par suite d'un ordre de cabinet, une commission fut instituée dans le but de préparer de nouvelles lois en matière de procédure civile. Par un singulier retour des choses, ce furent des avocats qui, avec quelques fonctionnaires supérieurs, furent chargés de la rédaction de ces lois, c'est-à-dire, les trois coryphées de la capitale, MM. Marchand, Bode et Kunowski [1]. La commission présenta les trois projets suivants :

1° Le 3 juillet 1833, un projet de loi relatif à l'introduction d'un

---

[1] Au moment où nous écrivons ces lignes, les feuilles publiques nous apportent la nouvelle de la fin tragique de M. Kunowski. C'est une perte irréparable pour la capitale dans laquelle, comme avocat, il s'était créé une place à part, pleine d'éclat ; c'est encore un nouveau tribut que le génie industriel de notre époque est venu demander à l'humanité.

mode de procédure sommaire pour les contestations litigieuses peu compliquées ;

2° Le 3 février 1833, des propositions tendant à l'amélioration du mode d'exécution des jugements ;

3° Le 29 juin 1833, des propositions relatives au Code de procédure, spécialement la partie consacrée à la procédure ordinaire.

Le premier projet devint la base de la loi du 1er juin 1833. Cette loi se compose de quatre titres : le premier traite du mode d'exécution (*Mandats-Prozess*) ; le deuxième, de la procédure sommaire ; le troisième, de la procédure dans les affaires de peu d'importance (*Bagatell-Prozess*) ; le quatrième renferme des dispositions générales.

En matière sommaire, la loi a distingué entre les tribunaux composés d'un certain nombre de juges (*colléges*) et les tribunaux composés d'un ou de deux juges seulement, et elle a, pour ces derniers, beaucoup abrégé les délais et les formalités établis dans la première section.

Les changements introduits dans la procédure sommaire sont les suivants : rétablissement pour les parties de la faculté de se faire représenter par des mandataires et défenseurs légaux ; pouvoir donné aux tribunaux, par l'introduction du débat oral, d'entendre les parties à l'audience dans leurs moyens de défense et leurs preuves, et d'ordonner en certaines occasions des enquêtes ; faculté accordée aux parties de faire instruire le procès par écritures au lieu de comparaître en personne devant le juge d'instruction ; introduction d'une certaine publicité par l'admission aux audiences de personnes étrangères au procès ($ 22$) ; substitution de la maxime de la procédure allemande appelée *Verhandlungs-Maxime*, à celle qu'avait établie le Code prussien et qui est dite maxime d'inquisition (*Inquisitions-Maxime*),

par suite notamment de l'obligation imposée aux parties de produire tous leurs moyens à la fois dans un seul et même acte, et
aussi des déclarations de déchéance, faute d'avoir produit en
temps utile. Nous allons revenir sur ces divers points à l'occasion
de la loi du 21 juillet dernier que nous devons examiner.

La loi de 1833 a marqué un grand progrès dans la procédure
civile de Prusse ; mais ce progrès ne pouvait que faire ressortir
davantage les lacunes et les imperfections de l'ancien système,
qui continua à rester en vigueur dans un grand nombre de causes.
Les avantages du nouveau mode de procédure furent remarqués
partout, et la nécessité d'une réforme générale se fit sentir de
plus en plus : l'attente générale fut enfin satisfaite, après treize
années de préparatifs, par la loi promulguée récemment.

9. Cette loi du 21 juillet dernier, qui constitue le nouveau
Code de procédure en Prusse, frappe tout d'abord par une
qualité qu'on ne rencontre pas ordinairement dans la législation
de ce pays, c'est-à-dire par une extrême simplicité de rédaction.
On s'est borné à énoncer les principes dans un langage aussi net
que concis, et trente-neuf paragraphes ont suffi pour une réforme
complète et radicale du système établi dans les cinquante-deux
titres de la première partie du Code de 1793.

Bien des jurisconsultes en Prusse se sont mépris sur la véritable portée de cette innovation législative : habitués à voir le législateur se perdre dans le dédale de dispositions spéciales et
purement réglementaires, ils n'estiment l'importance d'une loi
que par son volume, et ils n'ont voulu reconnaître dans celle du
21 juillet que des dispositions provisoires, une loi transitoire
destinée à préparer et à faciliter l'introduction d'une œuvre plus
complète, renfermant un nombre convenable de titres et de paragraphes. Il faut convenir qu'un passage de la préface de cette

loi a contribué à les confirmer dans cette opinion. Toutefois nous croyons pouvoir affirmer que telle n'a pas été la pensée du législateur, et qu'en réduisant la loi aux proportions d'une concision rigoureuse, on s'est attaché à éloigner d'avance tous les scrupules qui auraient pu empêcher ou retarder la sanction suprême. Le résultat auquel on est arrivé n'en est pas moins précieux; et, en se bornant à énoncer des règles générales, on a laissé une large part à l'action des tribunaux, leur confiant ainsi la mission nouvelle de rattacher l'action de la jurisprudence à celle du législateur. La loi du 21 juillet n'est donc pas une œuvre provisoire, mais définitive, destinée uniquement à recevoir par la suite les développements que l'expérience des temps pourra suggérer.

Nous signalons un autre point qui nous frappe dans la même loi : c'est la manière dont l'ancien système y a été remplacé par un nouveau. Il y a deux manières d'abroger les lois anciennes appelées à subir l'influence de la marche des temps. L'une, prompte, brusque et violente, allant directement au but, procède par la négation de ce qui existe pour y substituer un ordre de choses nouveau ; l'autre, respectant l'autorité, le culte, les préjugés même de la tradition et la force des habitudes, ne procède que par ménagements et se borne à placer à côté des institutions anciennes les institutions nouvelles, laissant à la force inhérente de celles-ci le soin de se substituer insensiblement et entièrement aux autres. C'était la marche suivie par le préteur, et c'est ainsi que le droit romain a atteint le degré de développement qui l'a rendu la source commune des Codes modernes.

Il est facile de distinguer des traces nombreuses de cette manière large et féconde dans la loi du 21 juillet.

Une circonstance toute pratique d'ailleurs concourut à ce que la transition de l'ancien système au nouveau s'opérât avec la plus grande mesure : ce dernier devait trouver son application au milieu d'une organisation judiciaire peu uniforme, variant, pour ainsi dire, d'une province du royaume à l'autre dans des proportions considérables, depuis les justices patrimoniales composées de juges uniques jusqu'aux colléges de première instance établis sur le pied le plus large.

10. La loi du 21 juillet contient une extension générale des dispositions de la loi de 1833 : elle contient en outre plusieurs modifications qui, en partie, avaient été déjà proposées par la commission dont nous avons parlé, mais qui n'avaient pas été admises alors; elles sont devenues nécessaires par la transformation d'un mode de procédure spécial en un mode de procédure général. Nous allons indiquer les modifications et les différences que les deux lois présentent entre elles; mais il nous semble utile de jeter auparavant un coup d'œil sur le caractère général des changements opérés par la dernière loi.

Ces changements peuvent être résumés dans les termes suivants : abandon complet du principe consacré par le Code de procédure de 1793, et adoption du principe en vigueur dans la procédure commune allemande, toutefois sans une abrogation directe et immédiate du premier principe, en laissant au contraire aux parties en litige la faculté de faire usage, à leur choix, soit du mode ancien, soit du mode nouveau, et en sanctionnant un état de choses qui depuis longtemps s'était formé dans les tribunaux en dehors du Code; introduction de ce que dans la procédure allemande on désigne par les *quatre parties d'écritures (die vier Schriftsaetze)*, ainsi que du débat oral devant le tribunal assemblé, où les parties doivent être entendues en personne ou bien par leurs fondés de pouvoir. Quant à la publicité des audiences, elle a été laissée dans les limites tracées par le § 22 de la loi du 1ᵉʳ juin 1833.

11. La procédure commune allemande repose sur deux règles principales. La première, respectant la faculté illimitée des parties de disposer de leurs droits en matière civile, veut que le juge n'intervienne dans les débats qu'autant qu'elles le demandent et dans les limites de cette demande : il doit prononcer exclusivement sur les questions qui lui sont soumises et sur les faits qui lui sont présentés, et il ne doit pas chercher ses motifs de décision en dehors des faits allégués et des preuves fournies. L'autre règle est que les parties sont tenues de produire dans un seul et même acte écrit tous les moyens dont elles entendent se servir, même *éventuellement*, dans le cours de l'instance. Cette dernière règle est appliquée pendant toute la durée de la cause et même lors de la production des preuves. Chaque acte de procédure est ainsi considéré comme formant un seul tout, qui, pour ainsi dire, fait avancer le procès d'un pas, sur lequel il n'est plus permis de revenir ensuite, sauf les cas de restitution.

Cette double maxime se trouve en contradiction ouverte avec le principe qui est devenu la base du système de procédure établi en Prusse. Aussi fut-ce surtout depuis l'époque de la mise en vigueur de ce système, et par opposition à celui-ci, que la doctrine est parvenue à fixer et à formuler nettement le système de la procédure allemande. Elle a distingué les principes opposés des deux systèmes par les noms de maxime d'inquisition (*Inquisitions-Maxime*), et de maxime d'éventualité et de discussion (*Eventual und Verhandlungs-Maxime*). A cette dernière maxime elle a rattaché une autre et troisième règle : c'est que tout ce que les parties ont à produire dans le cours d'une instance doit se trouver épuisé par les *quatre parties d'écritures* (*die vier*

Schriftsaetze), qui consistent dans les actes de demande, de défense, de réplique et de duplique, et que le juge ne peut pas être obligé de recevoir d'autres actes en dehors de ceux qui viennent d'être énoncés.

Nous devons ajouter que des tentatives fort heureuses ont été effectuées dans plusieurs pays de l'Allemagne pour affranchir ce système des lenteurs qui lui sont inhérentes, et qui résultent notamment du peu de fixité des délais, de la facilité des voies de recours et d'appel, et surtout de la circonstance que cette procédure se poursuit exclusivement par écrit. Nous citons surtout la loi destinée à faire cesser les abus qui se sont introduits en matière de procédure civile, loi promulguée dans l'électorat de Hesse-Cassel le 16 septembre 1834, et complétée par une autre du 2 juillet 1843.

12. En même temps que le législateur de Prusse s'est rapproché de la procédure commune allemande et en a fait entrer les principaux éléments dans l'œuvre qu'il vient de créer, il s'est attaché surtout à étendre l'un de ces éléments, dans le but de réunir les avantages de la procédure orale avec ceux de la procédure écrite.

On entend souvent en Allemagne manifester des idées exagérées sur les inconvénients d'une procédure essentiellement orale en matière civile, et des reproches adressés à ce sujet à la procédure établie en France. On prétend qu'elle fournit aux parties des facilités pour prolonger le litige, qu'elle n'offre point de moyens suffisants pour fixer ce qui a été produit de part et d'autre à l'audience, les déclarations et aveux des parties, qu'elle se fie trop à la mémoire et aux souvenirs des juges, qu'elle ne fournit pas à la cour d'appel d'éléments suffisants pour connaître ce qui a été produit et accordé en première instance; enfin on attaque le mode de rédaction des jugements. Nous croyons qu'il y a peu de fondement dans tous ces reproches, qui, le plus souvent, sont l'effet de l'observation d'un état de choses vu de loin. Sur plusieurs points seulement il serait à désirer que la jurisprudence se modifiât en France dans le sens adopté dans quelques pays limitrophes régis par la législation française, comme dans les provinces rhénanes et à Genève ; ainsi, par exemple, la rédaction des qualités y a été retirée aux avoués, et celle du jugement entier remise entre les mains des tribunaux [1].

D'après le système qui vient d'être adopté en Prusse, l'instruction se poursuit ordinairement par écrit. Il est laissé à la volonté des parties soit de comparaître en personne, comme par le passé, devant un juge délégué à cet effet, le juge d'*instruction*, lequel reçoit leurs déclarations et les consigne dans le procès-verbal (*protocoll*), soit, si elles le préfèrent, de constituer des commissaires de justice en qualité de mandataires légaux à l'effet de rédiger les actes contenant la demande, la défense, la réplique et la duplique, et de les remettre entre les mains du même juge. Les allégations et les prétentions des adversaires ainsi suffisamment établies, l'affaire est portée à l'audience par un autre juge, le juge rapporteur (*referent*), qui présente au tribunal assemblé un résumé succinct de l'état de l'affaire dont il a été chargé, tel qu'il résulte des actes et des pièces soumis à son examen. Le tribunal entend ensuite les parties ou leurs défenseurs dans leurs plaidoiries, qui ne sont que la reproduction développée de ce qui a été précédemment établi dans l'instruction écrite. Comme le rapport présenté à l'audience est destiné à remplacer ce que, dans la procédure en vigueur jusqu'à présent, on désignait par le

---

[1] *V.* Code de procéd. de Genève, art. 101-108.

status causæ, il est défendu de produire à l'audience des faits nouveaux. La réception des preuves peut être ordonnée soit à l'audience même, devant le tribunal, soit auparavant, en présence d'un juge commis à cet effet. Les plaidoiries terminées, le président fait dresser par le greffier un procès-verbal qui doit contenir les noms des juges présents à l'audience, ceux des parties et de leurs défenseurs, mention de leur comparution ou non-comparution, l'objet de la demande, le résumé succinct de ce qui a été dit de part et d'autre, les aveux de l'une des parties dont l'autre aurait demandé qu'il fût pris acte, ainsi que leurs déclarations qu'ils considèrent comme importantes : lecture en est aussitôt donnée aux intéressés, qui doivent être entendus dans leurs observations sur la rédaction de cette dernière partie du procès-verbal. Le jugement est rendu soit le même jour, soit un autre jour qui doit être fixé à l'audience même, et il est signifié aux parties, avec les motifs de décision, dans la huitaine après sa publication.

13. La loi du 21 juillet dernier a apporté encore des changements importants en matière d'appel et de recours contre les décisions rendues dans les instances inférieures. Le mode de procéder dans les instances supérieures a été rapproché, autant que possible, du mode suivi en première instance. Comme une amélioration notable, nous signalerons la disposition du § 15, empruntée également à la procédure allemande, d'après laquelle la justification des moyens et causes de l'appel, du recours et du pourvoi en nullité, devra désormais se faire devant le même juge qui a mission de statuer sur l'appel, le recours ou le pourvoi en nullité. Ce ne fut pas une des moindres singularités du système qui a été en vigueur en Prusse jusqu'à présent, de charger le juge qui avait prononcé une sentence, de l'examen des moyens invoqués par la partie condamnée dans le but de la faire réformer.

Une autre amélioration fort importante est celle qui est contenue dans les §§ 34-37 de la même loi. Le système de 1793, sorti du principe d'inquisition, en même temps qu'il accordait au juge un pouvoir illimité d'intervenir d'office en tout ce qui concerne l'instruction du procès, et qu'il soumettait les parties, d'une manière absolue, à ses décrets et ordonnances, leur accorda, dans le but de contre-balancer les excès de ce pouvoir, la faculté de présenter des plaintes aux autorités supérieures chargées de la discipline des tribunaux, et spécialement au ministre de la justice. Une foule d'abus naquirent de cette faculté accordée aux particuliers de faire intervenir dans le règlement de leurs débats le chef suprême de la justice, qui se trouvait ainsi appelé à statuer sur une multitude de causes. Sous ce rapport encore, la dernière loi a rendu aux tribunaux l'autorité et l'indépendance qui leur sont nécessaires, par la prescription du § 35 qui déclare que « désormais toutes espèces de plaintes contre des dispositions émanées de la justice devront suivre le cours ordinaire des instances. »

14. Nous arrivons enfin à une analyse succincte des lois du 1er juin 1833 et du 21 juin 1846 comparées entre elles. Voici les principales différences qu'elles présentent :

La loi du 1er juin avait fixé à quatorze jours le délai à accorder au défendeur pour la production de l'acte de défense ; la loi du 21 juillet a étendu ce délai, pour les cas ordinaires, à un intervalle de deux à six semaines.

D'après le § 12 de la loi du 1er juin, le défendeur était, dans tous les cas, tenu de comparaître en personne au jour indiqué par l'assignation ; le § 3 de la loi du 21 juillet l'autorise à se dispenser de comparaître, en faisant présenter au jour indiqué, ou auparavant, un acte de défense rédigé par écrit.

En vertu du § 14 de la loi du 1er juin, le défendeur était tenu de répondre à tous les chefs de la demande, lors même qu'il avait des exceptions dilatoires ou déclinatoires à y opposer : les §§ 5 et 6 lui accordent le droit de refuser, en proposant une de ces exceptions, de se prononcer sur le fond de la demande.

Aussitôt après la réception de la défense, il fallait, d'après les §§ 18 et 27 de la loi du 1er juin, procéder au débat oral, et des déclarations nouvelles pouvaient être faites par les adversaires à l'audience même ; les §§ 7 et 8 de la loi du 21 juillet autorisent le tribunal à admettre, suivant les circonstances, la production d'actes de réplique et de duplique, mais lui interdisent d'admettre la production de faits nouveaux en dehors de ces derniers actes.

La réception des preuves ne pouvait, d'après les §§ 30 et 33 de la loi du 1er juin, être ordonnée qu'à la fin du débat oral ; d'après le § 11 de la loi du 21 juin, le tribunal, sur la demande conforme des parties, peut ordonner que les preuves seront reçues soit avant le jour fixé pour l'audience, soit à l'audience même.

Le § 20 de la loi du 1er juin accordait aux parties la faculté de renoncer, d'un commun accord, au débat oral ; cette renonciation ne pourra plus avoir lieu (§ 11 de la loi du 21 juillet).

Une remise du jour fixé pour le débat oral ne pouvait être accordée qu'à la demande de toutes les parties ; elle pourra l'être une première fois sur la seule demande de l'une d'elles.

Le § 25 de la loi du 1er juin portait que si l'une des parties ne se présentait pas à l'audience, tous les faits allégués par la partie défaillante, qui n'auraient pas été appuyés par des *preuves écrites*, seraient considérés comme n'ayant pas été produits, de même que tous les faits allégués par l'autre partie, et qui n'auraient pas été contredits expressément, comme reconnus. Le § 3 de la loi du 21 juillet, moins rigoureux à l'égard du cas de défaut, exige seulement que tous les faits non appuyés par des *preuves* seront considerés comme n'ayant pas été présentés, de même que les titres qui devaient être présentés par le défaillant.

Le jugement, d'après le § 20 de la loi du 1er juin, devait être rendu à l'audience même dans laquelle l'affaire avait été plaidée et examinée ou dans la huitaine suivante; il pourra désormais être rendu au delà de ce terme (§ 12 de la loi du 21 juillet).

Le § 71 de la loi du 1er juin autorisait les parties elles-mêmes à rédiger les actes; d'après les §§ 3, 7 et 21 de la loi du 21 juillet, ces actes doivent porter la signature de commissaires de justice.

La loi du 1er juin, dans la première et la deuxième section de la seconde partie, avait établi une distinction dans le mode de procéder suivant que les tribunaux étaient composés de plusieurs juges (colléges) ou d'un juge unique : cette distinction est supprimée aujourd'hui; les actes de demande, de défense, de réplique et de duplique devront même devant les juges uniques être présentés, dans les cas ordinaires, avant le jour indiqué pour l'audience et la discussion orale. Il est toutefois permis aux tribunaux de l'une et de l'autre espèce de recevoir les défenses et répliques des parties à l'audience même (§ 13 de la loi du 21 juillet, à la fin).

Le Code de procédure de 1793 avait établi un mode de procédure spécial et simple pour certaines matières : ce mode spécial avait été maintenu par le § 76 de la loi du 1er juin; la loi du 21 juillet a abrégé, pour les mêmes matières, les délais et les formalités observées dans les causes ordinaires.

Comme on le voit, les améliorations que renferme la loi du 21 juillet, et qui n'étaient pas comprises dans celle du 1er juin 1833, sont fort importantes et fournissent autant de preuves de la modération et de la sagacité déployées par le législateur dans sa tâche difficile : il ne s'agissait de rien moins que d'étendre les dispositions d'une loi destinée à régler seulement la procédure sommaire jusqu'aux proportions d'un Code général de procédure. Ces améliorations peuvent être résumées dans les termes suivants :

La rapidité de la procédure a été subordonnée à l'avantage de laisser aux parties le temps nécessaire pour présenter tous leurs moyens de défense et aux juges le temps d'examiner l'affaire.

Le pouvoir discrétionnaire du juge a été considérablement étendu (§§ 2, 6, 7, 10, 11, 13 et 14).

La prescription du § 14 de la loi du 1er juin 1833, en ce qu'il obligeait le défendeur de proposer toutes ses exceptions conjointement avec ses défenses au fond, a été modifiée, et la rigueur de la maxime de la procédure allemande (*Eventual-Maxime*) a été tempérée par des dispositions analogues à celles des articles 169 et 186 de notre Code de procédure français.

L'instruction préparatoire écrite a été renfermée dans des règles nettement établies : la réception des preuves peut avoir lieu à l'audience même, ce qui donne aux parties la facilité de la contrôler par leur présence et de l'éclaircir par leurs observations.

Avons-nous besoin d'insister sur la position nouvelle que la loi du 21 juillet a préparée aux avocats, rendus désormais indépendants de l'action, de la direction, de la surveillance incessantes des juges délégués? Dans l'instruction préparatoire des causes, dans l'établissement et la production des points de fait et de droit, enfin par la plaidoirie en audience publique (en supposant que les parties aient recours à leur ministère rendu facultatif), ils ont recouvré cette liberté d'allure indispensable à la bonne conduite des affaires. Il est à peine nécessaire de faire remarquer que la position nouvelle qui vient d'être créée aux commissaires de justice est inconciliable avec la place inférieure qui leur a été assignée dans la hiérarchie judiciaire par la législation de 1793 et par la législation postérieure [1].

La loi du 21 juillet dernier n'abroge pas celle du 1er juin 1833. Au contraire, elle la laisse subsister, en tant du moins qu'elle ne renferme point de dispositions contraires ; elle a notamment laissé intact le premier titre de cette loi, relatif au mode de procéder en matière d'exécution (*Mandats-prozess*), de même que la seconde section du titre II relative à la procédure.

Plusieurs lois demeurent en vigueur à côté de celles du 1er juin et du 21 juillet. Nous mentionnerons spécialement la loi rendue le 14 décembre 1833, ainsi que la déclaration du 6 avril 1839, qui ont pour objet le mode de procéder en matière de révision et de cassation des jugements et arrêts.

[1] *V*. t. III, titre 7 du Code gén. de proc. Le § 3 de ce titre promet aux commissaires de justice qui se distingueraient dans leur profession le titre de conseillers commissaires de justice (*Justiz-Commissions-Rath*), titre qui leur donnait rang après les juges et les auditeurs des tribunaux supérieurs. Le § 62 de l'Appendice au Code général les déclare, ainsi que les notaires, fonctionnaires de l'État. Ils sont nommés et institués par le gouvernement dans un certain nombre, suivant les besoins de chaque localité §§ 2, 6, 7, *ibid.*). Les commissaires de justice établis dans le même département ou district sont réunis en colléges, placés sous la surveillance d'un directeur (§ 8). Ils peuvent, avec l'autorisation du tribunal auquel ils sont attachés, exercer d'autres charges et fonctions (§ 10).

Section II. — *Texte de la loi sur la procédure civile, du 21 juillet 1846.*

15. Nous, Frédéric-Guillaume, par la grâce de Dieu, roi de Prusse, etc.

Ayant pris en considération l'expérience acquise par suite de l'exécution de la loi du 1ᵉʳ juin 1833, sur la procédure par voie de mandat (*Mandats-Prozess*) en matière sommaire et dans les affaires de peu d'importance, avons résolu d'accorder au mode de procéder y indiqué une application plus étendue et un développement plus complet, autant que cela a paru admissible dès à présent.

En conséquence, sur la proposition de notre ministre de la justice, et après avoir pris l'avis d'une commission que nous avons choisie parmi les membres du conseil d'État, nous ordonnons, pour toutes les provinces de notre monarchie dans lesquelles le Code de procédure est en vigueur, ce qui suit :

§ 1.

I. Extension de la procédure civile.

Le mode de procédure contenu au titre 2 de la loi du 1ᵉʳ juin 1833, et dans les dispositions rendues depuis pour compléter le même titre, devra désormais être appliqué dans toutes les contestations judiciaires qui ne sont pas susceptibles d'être décidées par voie de mandat (*Mandats-Prozess*, titre 1 de la loi du 1ᵉʳ juin 1833 [1]), ou ne se trouvent pas exceptées par les §§ 28, 29

---

[1] Voir ce qui a été dit par M. Fœlix sur l'exécution des conventions et dispositions constatées par des actes publics, dans son *Traité du droit international*

et 38 de la présente loi, sous l'observation toutefois des prescriptions suivantes, qui continueront à être appliquées dans les affaires sommaires.

§ 2.

1. Prescriptions pour la procédure en première instance.

Le jour pour la production de la défense devra être indiqué de manière à laisser au défendeur, pour préparer sa défense, un délai de quatorze jours à six semaines à partir du jour de la signification de la demande. Le juge pourra abréger ce délai dans des cas d'extrême urgence; il pourra de même le prolonger dans des contestations très-compliquées; on pourra aussi, à la demande du défendeur, accorder une remise, mais une seule fois.

§ 3.

Le défendeur pourra, au lieu de comparaître lui-même au jour indiqué pour la défense, produire ce jour-là ou auparavant une défense écrite. Cette défense devra être signée par un commissaire de justice, sinon elle sera considérée comme non produite

privé, page 501. — D'après les prescriptions du titre sus-indiqué, le créancier dont la demande est appuyée sur la production d'un acte authentique, peut obtenir du tribunal un décret (*mandat*) par lequel il est ordonné au débiteur de faire droit à la demande ou de présenter contre elle ses exceptions dans le délai de quatorze jours, faute de quoi il serait procédé à l'exécution de l'acte en vertu d'un nouveau décret à rendre. On n'admet que les exceptions susceptibles d'être justifiées par la production de titres, ou par des témoins pouvant être aussitôt entendus, ou par un serment déféré.

C'est la procédure du *mandatum cum clausula* (*executoria*), ou plutôt celle dite *Executif-Prozess* du droit commun allemand, cette dernière étant le mode spécialement usité dans les cas où la demande est fondée sur l'existence d'actes authentiques (*instrumenta guarantigiata*). Le jugement obtenu ensuite par le demandeur s'exécute d'après les règles ordinaires. Le passage précité doit être compris dans le sens qui vient d'être indiqué.

et lui sera rendue. La dispense du concours d'un commissaire de justice pour la production d'une défense écrite n'est accordée qu'aux autorités publiques et aux particuliers aptes à remplir les fonctions de juges.

Si la partie a institué un commissaire de justice pour mandataire, celui-ci devra produire l'acte de défense par écrit.

§ 4.

Il sera donné avis au demandeur du jour indiqué pour la réception de la défense, et il lui sera loisible de se présenter également le même jour, ou d'attendre l'indication du juge.

Si le défendeur ne comparaît point au jour indiqué pour la défense, et s'il n'a pas présenté un acte de défense rédigé par écrit, conformément aux prescriptions du § 3, il sera, sauf les conclusions du demandeur, et quand même celui-ci n'aurait pas comparu, procédé par défaut contre le défendeur.

§ 5.

Si le défendeur croit pouvoir opposer à la demande une des exceptions suivantes :

1° De la non-recevabilité de la procédure adoptée, à raison de l'objet de la demande ;

2° De l'incompétence du tribunal ;

3° De la litispendance ;

4° De l'incapacité du demandeur de se présenter en justice ;

5° Du défaut, de la part du demandeur, d'avoir fourni caution lorsqu'il est étranger (Code de procédure, tit. 21, § 13) [1],

---

[1] Ce paragraphe distingue entre les cas où l'action du demandeur peut être

6ᵘ De la non-expiration du délai accordé pour délibérer, lorsque le défendeur est assigné en sa qualité d'héritier (Code de procédure, tit. 20, § 2).

Et s'il peut fournir aussitôt la preuve du bien fondé de l'une de ces exceptions, il pourra borner sa défense à cette exception, et conclure à ce qu'il soit d'abord statué sur elle. Toutefois, la discussion sur le fond de la demande ne pourra, à cause de ces exceptions, être remise qu'une seule fois, et le défendeur sera tenu en conséquence, s'il avait à opposer plusieurs exceptions de la même espèce, de les produire en même temps.

§ 6.

Si le tribunal ne trouve pas fondées les conclusions du défendeur tendant à ce qu'il soit statué d'abord sur les exceptions par lui opposées (§ 5), celui-ci sera tenu de produire toutes ses défenses avant la prochaine audience indiquée par le tribunal ou à cette audience.

On n'aura alors égard à une défense provisoire qu'autant qu'elle se trouvera reproduite par le défendeur dans sa nouvelle défense.

§ 7.

Si, lors de la défense, des faits sont produits qui n'auront pas été exposés dans la demande, ou si des exceptions y sont opposées, il sera abandonné à la discrétion du juge d'entendre encore les parties, avant la discussion orale, dans leur réplique et dans

constatée facilement par des documents et autres preuves, et ceux où la preuve ne pourrait être fournie qu'avec beaucoup de frais et d'efforts : c'est dans ces derniers cas que le défendeur peut refuser de répondre tant que la caution n'a pas été fournie.

leur duplique. C'est ce qui pourra avoir lieu au jour même indiqué pour la défense, si les parties ont comparu et sont prêtes à s'expliquer aussitôt. Si cela n'avait pas eu lieu, et si les parties avaient constitué pour mandataires des commissaires de justice, ceux-ci seront invités à présenter des actes de réplique et de duplique dans un délai à fixer conformément au § 2. La partie qui n'aura pas constitué un commissaire de justice comme son mandataire, sera ajournée dans le même délai, à l'effet de donner sa déclaration verbalement. Chaque partie pourra, au lieu de comparaître au jour indiqué, produire dans cet intervalle sa réplique et sa duplique par écrit. Les dispositions du § 3 relatives à l'acte de défense, s'appliqueront également aux actes écrits dont il est parlé dans le présent paragraphe.

§ 8.

La réplique doit contenir une réponse complète à la défense, comme la duplique une réponse complète à la réplique. Lorsque la réplique ou la duplique n'aura pas été présentée ou ne l'aura été que d'une manière incomplète, les faits allégués et les titres produits par l'adversaire, sur lesquels aucune déclaration n'aura été donnée, seront considérés comme accordés et reconnus. Aucune autre réplique contenant des faits nouveaux (*Replicationen et Duplicationen*) ne pourra être produite dans le cours de la procédure de première instance.

§ 9.

Si, en vertu du § 25 de la loi du 1er juin 1833, il y a lieu à procéder par défaut, tous les faits contestés qui auront été allégués par le non-comparant sans être appuyés sur des preuves, seront considérés comme non établis, de même que tous les titres qu'il devait produire comme non produits, et tous les faits allégués par la partie adverse auxquels il n'aura pas été jusqu'alors contredit expressément, ainsi que tous les titres produits par elle, comme reconnus.

§ 10.

La remise du jour d'audience fixé pour le débat oral pourra être accordée, une seule fois, par le tribunal, dans toutes les affaires non urgentes, même à la seule demande d'une des parties, appuyée sur des motifs importants suffisamment justifiés. Des empêchements provenant du commissaire de justice constitué mandataire ne pourront pas entrer en considération.

§ 11.

La faculté accordée par le § 20 de la loi du 1ᵉʳ juin 1833, de renoncer à la discussion orale devant le tribunal assemblé, est abrogée. Le tribunal toutefois pourra, sur les conclusions conformes des deux parties, ordonner qu'avant le débat oral il sera procédé à la réception des preuves dont l'importance n'est pas contestée; il pourra également réunir la réception des preuves au débat oral, et indiquer à cet effet un nouveau jour d'audience.

§ 12.

Le délai prescrit par le § 29 de la loi du 1ᵉʳ juin 1833 pour la publication du jugement, délai qui doit être fixé à l'audience, pourra, suivant les circonstances, être prolongé de plus de huit jours : de même le délai de huit jours prescrit par le § 31 de la même loi, pour la prestation du serment, pourra, surtout dans les affaires urgentes, être abrégé par le tribunal.

§ 13.

La disposition du § 61 de la loi du 1er juin 1833 sera appliquée dans les contestations pour lesquelles un mode de procéder abrégé a été établi expressément dans le Code de procédure. Aussitôt après l'introduction de la demande, il sera indiqué un jour pour recevoir verbalement la défense et pour procéder en même temps à la discussion orale devant le tribunal assemblé, en observant les délais plus courts établis par le Code de procédure. Les causes qui devront être jugées de cette manière sont notamment :

1° Les affaires de change (Code de procédure, titre 27 [1]);

2° Les contestations nées de billets et de mandats de commerce, dans l'année à partir du jour de l'échéance (Code civil, vol. II, titre 8, §§ 1256, 1285 et 1297);

3° Les contestations nées d'une police d'assurance, et qui ont pour objet le payement de la prime, dans les trente jours après la signature (Code civil, vol. II, titre 8, § 2110);

4° Les affaires de saisie qui ne seront pas jugées en même temps que la cause principale (Code de procédure, titre 29, §§ 63-73 [2]);

5° Les affaires commerciales proprement dites (Code de procédure, titre 30, §§ 9-47 [3]);

---

[1] Dans ce titre, on avait établi une procédure particulière en matière de lettres de change.

[2] Le Code distingue entre saisie personnelle (*personal-arrest*) et saisie réelle (*real-arrest*) : la première a pour objet de s'assurer de la personne du débiteur; la seconde, des choses qui lui appartiennent. L'une et l'autre saisie peut avoir lieu dans des cas urgents (section I du titre 29), ou dans les cas ordinaires (section II du même titre).

[3] Le titre 30 traite de la procédure en matière de commerce et d'assurances : une procédure spéciale n'y a pas été établie pour les affaires commerciales en général; le § 1 dispose que ces affaires seront jugées d'après le mode de procédure

6° Les actions possessoires qui doivent être jugées *possessorio summariissimo* (Code de procédure, titre 31 et titre 34, § 44);

7° Les affaires de constructions, lorsqu'il s'agit de constructions déjà commencées dont la continuation ou la cessation dépend de l'issue d'un procès (Code de procédure, titre 44, §§ 34-42);

8° Les contestations nées des locations, lorsqu'il s'agit de l'entrée en jouissance ou de la sortie d'un appartement, et du droit de donner congé (Code de procédure, titre 44, §§ 61-64).

Dans les autres causes simples et urgentes, la défense pourra également, si le tribunal le juge convenable, être jointe au débat oral.

Il en sera de même pour les tribunaux qui ne forment pas de colléges, dans tous les cas où ils le croiront convenable.

§ 14.

Dans les affaires relatives à des comptes, à des constructions et autres opérations semblables, le tribunal aura la faculté, toutefois seulement après la production de la défense, d'ordonner qu'il sera procédé, devant un juge commis, à une enquête relativement aux objets par lui désignés. Les opérations du juge-commissaire terminées, les parties seront assignées pour se présenter au débat oral et assister à la décision de la cause, conformément au § 34 de la loi du 1er juin 1833 [1].

ordinaire, à moins que des modes particuliers n'aient pas été institués pour certaines espèces. Le Code, à l'endroit ci-dessus indiqué, entend par affaires commerciales proprement dites les contestations nées en temps de foires et de messes (*messen*) entre les négociants et marchands forains qui s'y trouvent réunis.

[1] Le § 34 énonce ce qui suit : « Les opérations de l'enquête terminées, il en sera donné communication aux parties par des copies, et elles seront assignées en même temps à comparaître à l'audience pour le débat oral et pour assister au jugement de la cause, sous peine pour le défaillant d'être considéré comme s'il n'avait plus rien à ajouter à l'appui de ses prétentions et de ses conclusions. »

§ 15.

2. Prescriptions pour les instances supérieures.

a. *Prescriptions communes.*

Les voies d'appel, de révision et de demande en nullité seront dénoncées seulement au tribunal de première instance (§ 30). L'introduction et la justification, ainsi que la discussion ultérieure, en devront être portées devant le tribunal jugeant en seconde instance.

Les affaires indiquées au § 27 sont exceptées de la présente disposition.

§ 16.

Il suffit pour l'appel (§ 15) que la partie appelante déclare se plaindre de la sentence qui aura été rendue. Cet appel n'est assujetti à aucune formalité, et il pourra en conséquence être donné verbalement sur procès-verbal ou par écrit, sans l'intervention d'un commissaire de justice. Peu importe la dénomination sous laquelle le moyen sera désigné.

Le tribunal de première instance aura seulement à examiner si l'appel a été effectué à temps, et si, par son objet, le recours est admissible : s'il le trouve régulier sous ce double rapport, il enverra aussitôt les actes, en en prévenant les parties, au tribunal de l'instance supérieure.

§ 17.

L'introduction et la justification du moyen de recours devra, sous peine de déchéance, être présentée par écrit à la cour supé-

rieure dans les quatre semaines à partir de l'expiration du délai
fixé pour l'appel, sans qu'il y ait lieu à une sommation spéciale
à cet effet. Des motifs d'empêchements nés de la cause même
seront suffisants pour faire prolonger ce délai.

§ 18.

L'acte introductif et justificatif d'appel contiendra les griefs.
Si la décision qui a été rendue n'était pas attaquée dans cet
acte ou dans un acte supplémentaire, avant l'expiration du délai établi par le § 17, par des griefs déterminés, elle passera en
force de chose jugée.

§ 19.

Aussitôt après l'introduction du débat oral dans les instances
supérieures, les dispositions en vigueur jusqu'à présent qui con-
cernent la nomination de plusieurs juges rapporteurs (*Referen-
ten*) cesseront d'être appliquées.

§ 20.

b. *Prescriptions relatives à l'appel.*

Après la réception de l'acte introductif et justificatif d'appel et
des autres actes, le juge d'appel statuera sur l'admission du recours, et permettra de faire sommation à l'intimé de répondre à
cet acte. La défense doit être présentée par écrit dans le délai de
quatre semaines, lequel délai ne pourra être prolongé que pour
les motifs indiqués au § 17, sous les peines prononcées par les
§§ 44 et 45 de la loi du 1er juin 1833 [1].

[1] § 44. « L'intimé devra fournir une réponse complète à l'acte d'appel, et pro—

§ 21.

Les autorités publiques et les personnes capables de remplir les fonctions de juges pourront seules présenter des actes introductifs et justificatifs d'appel et de défense sans l'intermédiaire de commissaires de justice. Les actes produits par d'autres personnes devront porter la signature d'un commissaire de justice.

§ 22.

Il sera procédé au débat oral devant le juge d'appel après la production de l'acte de défense, ou après la renonciation qui en aura été faite, ou après l'expiration du délai indiqué à cet effet : seront appliqués les §§ 49-53 de la loi du 1er juin 1833 [1].

duire tous les faits nouveaux destinés à le contredire. Les faits et titres sur lesquels il ne s'expliquera pas, seront considérés comme reconnus et constants. L'intimé ne pourra plus, dans le cours de l'instance, produire de faits nouveaux. »

§ 45. « Si l'intimé laisse expirer le délai sans réponse, les faits nouveaux et les titres produits par l'appelant à l'appui des faits présentés déjà en première instance seront considérés comme reconnus, et il se trouvera déchu des exceptions qu'il aura proposées contre les preuves apportées par l'appelant. »

[1] § 49. « Les parties seront ajournées à comparaître à l'audience : faute par elles de se présenter, il sera prononcé sur les pièces produites; si l'une des parties ne comparaissait pas, il sera prononcé par défaut, de manière que tous les faits contestés par le non-comparant en seconde instance, non appuyés sur des preuves, de même que tous les titres qui devaient être produits par le défaillant, seront considérés comme non produits, et tous les faits présentés par la partie adverse auxquels il n'aura pas encore été contredit expressément, ainsi que les titres produits par lui, comme reconnus. »

§ 50. « Si les deux parties ont interjeté appel, il sera statué en même temps sur les deux appels, et par un seul arrêt. »

§ 51. « Les expéditions de l'arrêt seront renvoyées avec les actes au tribunal de première instance, pour être signifiées aussitôt aux parties. »

§ 52. « Si le tribunal de première instance et celui de seconde instance se trouvent au même endroit, les mandataires qui auront comparu en première instance pourront se présenter de nouveau pour leurs mandants devant le tribunal d'appel. »

§ 53. « Les dispositions rendues sur le mode de procéder en première instance

La sommation à faire aux parties d'être présentes au débat oral et à la prononciation de l'arrêt pourra, en l'absence d'autres fondés de pouvoirs à l'effet de la recevoir, être signifiée valablement aux commissaires de justice qui auront signé les actes produits à la cour, pourvu qu'ils soient autorisés à exercer près de la même cour ou qu'ils soient établis au siége de cette cour.

La prescription du § 48 de la loi du 1er juin 1833 est abrogée [1].

§ 23.

c. Prescriptions pour la demande en révision et en nullité.

Les dispositions concernant le mode de procéder en matière d'appel seront également applicables dans l'instance en révision et dans les demandes en nullité. Seront toutefois observées en même temps les prescriptions suivantes :

1° La demande en nullité contiendra, outre l'indication des points attaqués (§ 18), ce qui est prescrit par l'article 8 de la déclaration du 6 avril 1839 [2];

2° Les faits à l'appui de la demande en révision et en nullité qui n'auront pas été produits dans l'acte justificatif, ne pourront plus être présentés ultérieurement;

3° Si la défense à la demande en révision et en nullité n'est pas fournie dans le délai déterminé par le § 20, les faits indiqués dans l'acte justificatif, en tant qu'ils seront encore admis-

seront applicables à la procédure en seconde instance, en tant du moins que des dispositions particulières de la loi n'y feraient pas obstacle. »

[1] D'après ce paragraphe, les parties pouvaient, d'un commun accord, renoncer à la discussion orale.

[2] Savoir, les dispositions de la loi ou les principes de droit qu'on prétend avoir été violés; elle doit contenir également une désignation exacte des pièces, lorsque les motifs donnés par le juge sont contraires aux termes clairs et précis des pièces.

sibles d'après les règles générales, seront considérés comme reconnus ;

4° Les actes écrits à produire dans cette instance qui devront être signés par des commissaires de justice (§ 21), ne pourront être rédigés que par des personnes attachées en cette qualité à la cour suprême de justice (*Geheimes Ober Tribunal*).

§ 24.

La présence d'au moins sept membres, y compris le président, est nécessaire dans les sénats de la cour suprême pour qu'on puisse procéder à la discussion orale et rendre ensuite l'arrêt. Il n'y aura pas lieu à une augmentation de ce nombre, même quand il s'agira d'une infirmation de deux sentences conformes. La disposition du n° 7 de l'ordre de cabinet du 19 juillet 1832 (Bulletin des lois, page 192) est abrogée.

§ 25.

La cour suprême, chambres réunies, aura à décider dans les cas des n°ˢ 3 et 4 de la loi du 1ᵉʳ août 1836 (Bulletin des lois, page 218), non-seulement la question de droit, mais encore le point de fait. La décision sera rendue après un débat oral réitéré devant les chambres réunies.

§ 26.

La cour suprême communiquera aux avocats des parties qui se seront présentés devant elle des copies de l'arrêt avec les motifs de la décision, et fixera en même temps leurs droits, qui ne pourront pas être au-dessous de 15 écus, et pourront atteindre le montant total des frais taxés de la même instance.

§ 27.

d. Prescriptions pour les voies de droit dans les causes urgentes.

Dans les matières suivantes :

1° En matière de lettres de change ;

2° Dans les affaires de saisie-arrêt qui ne seront pas jugées en même temps que l'affaire principale (Code de procédure, titre 29, §§ 63-73) ;

3° En matière de commerce proprement dit (Code de procédure, titre 30, §§ 9-47) ;

4° En matière de constructions, lorsqu'il s'agit d'une construction déjà commencée dont la continuation ou la destruction dépend de l'issue d'un procès (Code de procédure, tit. 42, §§ 34-42) :

La dénonciation et la justification de l'appel doivent être présentées, sans qu'il y ait lieu à restitution, au plus tard dans les trois jours, au tribunal de première instance (§ 30). Elles pourront être reçues au procès-verbal, verbalement ou par écrit, dans la forme prescrite par le § 21.

Le tribunal de première instance enverra les pièces, aussitôt après avoir reçu l'acte justificatif, au juge d'appel, et en donnera en même temps connaissance aux parties, avec communication à l'intimé de l'acte justificatif.

Le juge d'appel fixera un jour aussi rapproché que possible pour recevoir les défenses contre l'acte justificatif et pour le débat oral, en faisant sommation aux parties de s'y présenter sous les peines contenues aux §§ 20 et 21.

Il sera loisible à l'intimé de remettre à la cour d'appel, avant le jour d'audience, un acte de défense à l'acte justificatif d'appel, lequel acte ne sera assujetti à aucune formalité.

Les mêmes dispositions, sous les modifications contenues au § 23, nᵒˢ 1 et 2, seront appliquées à la demande en révision et en nullité, en ce qui concerne le délai dans lequel elle devra être présentée, la forme dans laquelle les déclarations devront être reçues et le mode de procéder.

§ 28.

II. Causes peu importantes (*Bagatell-Sachen*).

Les §§ 68 et 69 de la loi du 1ᵉʳ juin 1833 sont abrogés [1].

Dans les causes dont l'objet ne dépasse pas 50 écus, et qui ne sont pas susceptibles d'être décidées par voie de mandat (*Mandats-Prozess*) établi par le premier titre de la loi du 1ᵉʳ juin 1833, il sera, après la réception de la demande, si elle a pour but le payement d'une somme d'argent ou d'autres choses fongibles, signifié au défendeur, au lieu d'un ajournement à un jour déterminé, un mandat avec l'indication d'un délai de quatorze jours, ou moins, s'il y a urgence, suivant l'indication du juge. Ce mandat contiendra l'énonciation de ce que le défendeur devra payer ou fournir au demandeur avec l'avertissement que, faute par lui de produire dans le délai indiqué ses défenses, soit verbalement sur procès-verbal, soit par acte écrit, le mandat obtiendrait la force d'un jugement par défaut, et serait exécuté à la simple réquisition du demandeur, lequel devra être instruit de la signification faite. Si dans le délai sus-énoncé il a été formé opposition, les deux adversaires seront ajournés pour la production

---

[1] Le défendeur devait, dans les causes dont s'occupe le présent paragraphe, être ajourné à bref délai, et s'il ne comparaissait pas, il était prononcé contre lui un jugement par défaut, lequel ne pouvait être attaqué que par la voie de la restitution.

des défenses et pour le débat oral, conformément aux §§ 61 et suivants de la loi du 1ᵉʳ juin 1833 [1], et sous les peines prononcées contre le défaillant par les §§ 23 et 24 de la même loi, ainsi que du § 9 de la présente.

Dans les autres causes de peu d'importance, il sera procédé exclusivement en conformité des dispositions de la deuxième section du deuxième titre de l'ordonnance du 1ᵉʳ juin 1833.

§ 29.

III. Procédures spéciales.

Dans les causes matrimoniales, seront appliquées en première et deuxième instance les dispositions des §§ 16 jusqu'à 51 de la loi du 21 juin 1844 (Bulletin des lois, page 184); en troisième instance, on suivra les §§ 23-26 de la présente loi, pour ce qui concerne les formalités ainsi que les délais à observer.

Les dispositions de procédure actuellement en vigueur continueront à être suivies en première instance dans les causes concernant les tutelles des mineurs (Code de procédure, tit. 39), dans les déclarations de décès, d'imbécillité et d'aliénation mentale, dans les matières de confiscation [2], de sursis [3], de concours

---

[1] D'après les §§ 61, 62, 63 et 64, la demande doit être signifiée au défendeur avec ajournement à l'audience. Le tribunal, après avoir entendu la défense et les explications respectives, peut ordonner qu'il soit procédé aussitôt, ou à la première audience, à la réception des preuves; il peut faire appeler devant la barre, séance tenante, des témoins et des experts présents sur les lieux. Il est dressé procès-verbal, qui est lu aux parties et présenté à leur signature; si elles refusent de le signer, il en est fait mention. S'il n'y a pas lieu à la réception de preuves, le jugement est rendu dans la même séance et inscrit au bas du procès-verbal.

[2] *V.* vol. I, tit. 36 du Code général de procédure. Ce titre règle le mode de procéder contre des sujets qui, sans la permission des autorités compétentes, auraient quitté le royaume et se seraient soustraits par là à leurs devoirs de sujétion : ils devaient être sommés de retourner dans leur pays sous peine de confiscation de leurs biens.

[3] *General-Moratorien. V.* vol. I, tit. 47, *ibid.* Ce titre règle le mode dont un

des créanciers [1], de payement des créanciers par l'héritier béné-
ficiaire [2], et de ventes publiques d'immeubles, ainsi que de ces-
sion de biens [3]; mais les voies de recours interjetés contre les
décisions rendues dans ces matières, et les procès distincts enga-
gés à l'occasion des mêmes matières ou susceptibles d'être jugés
séparément, seront instruits conformément aux dispositions de
la loi du 1er juin 1833 et de la présente loi.

§ 30.

IV. Dispositions générales.

1. *Dénonciation des voies de droit.*

Les voies de droit contre des sentences devront, dans les délais déterminés à cet effet par la loi, être dénoncées aux autorités
judiciaires qui auront instruit et prononcé en première instance.

§ 31.

2. *Voie de restitution.*

La voie de restitution contre des jugements rendus par défaut
(section 3, titre 14 du Code de procédure), et contre des décrets
de purification (*Purifications Resolutionen*; loi du 28 mars 1840,
Bulletin des lois, page 102), sera admise quand même des mo-

---

sursis de payement peut être accordé au débiteur malheureux, incapable de satisfaire à ses engagements, soit envers tous ses créanciers, soit envers un seul.

[1] *V.* t. I, tit. 50, *ibid.* Le mode de procéder, en cas d'insolvabilité d'un débiteur, est le même en matière civile et en matière commerciale.

[2] T. I, tit. 51, sect. 2, *ibid.* L'héritier qui ne veut accepter une succession que sous
bénéfice d'inventaire, ou qui n'y renonce pas expressément au profit du successible
appelé à son défaut, est tenu de convoquer tous ceux qui ont des droits à prétendre
sur la succession, à l'effet de faire constater le montant de leurs créances et l'ordre
dans lequel elles devront être acquittées sur les fonds provenant de la succession.

[3] T. I, tit. 48, *ibid.*

tifs importants d'empêchement n'auront pas été présentés ni justifiés, pourvu que la demande en restitution soit conforme, du reste, aux prescriptions légales.

Le délai pour l'exercice de cette voie commence à courir, dans le cas du § 28, à partir du moment où le mandat du juge a obtenu l'effet d'un jugement par défaut.

Si un serment déféré et référé n'a pas été fait au jour indiqué, la restitution pourra être demandée dans les dix jours suivants, que le jugement ait ou non été rendu dans l'intervalle.

§ 32.

3. *Cumul de plusieurs demandes dans le même procès.*

Il y aura lieu au cumul de plusieurs demandes tendant au payement d'une somme d'argent ou d'autres objets fongibles, intentées par une seule action, alors même qu'elles seront nées de causes différentes, de manière que la compétence du tribunal, le mode de procédure, l'admissibilité des moyens de droit et la taxe des frais, seront calculés d'après le montant total de ces demandes.

§ 33.

4. *Actes de procédure des commissaires de justice.*

Le commissaire de justice qui a signé une demande, une défense ou un autre acte de procédure, est responsable du contenu de cet acte comme s'il l'avait rédigé lui-même.

§ 34.

5. *Affaires de plaintes et griefs.*

Les griefs contre des décrets [1] par lesquels un moyen de droit aura été rejeté, devront être portés, dans les six semaines, devant les cours supérieures appelées à statuer définitivement sur l'admissibilité de ce moyen.

§ 35.

D'autres plaintes contre des résolutions du juge, qui auront pour objet le refus d'instruction d'un procès ou le mode de procéder même suivi dans le cours des instances, suivront désormais la voie ordinaire des moyens admis contre les sentences judiciaires.

Elles seront portées contre les résolutions des tribunaux de première instance devant ceux de deuxième instance dont les décisions seront considérées régulièrement comme définitives. Lors seulement que dans l'affaire principale la voie de révision sera admissible en vertu des §§ 1, 2 et 3 de la loi du 14 décembre 1833, le recours à la cour suprême de justice (*Geheimes Obertribunal*) pourra encore être reçu.

Les plaintes contre les résolutions des tribunaux de deuxième instance, dans les causes pendantes devant eux, contre lesquelles une voie ordinaire ou extraordinaire de recours en troisième instance est admissible, seront portées devant la cour suprême de justice.

[1] Voir ce que nous avons dit plus haut au n° 13, dernier alinéa. Dans la procédure prussienne, on distingue en général entre les décrets, résolutions, ordonnances du juge, contre lesquelles la voie ordinaire de l'appel n'est pas communément admise, et les sentences définitives.

§ 36.

L'exécution des résolutions judiciaires ne sera pas suspendue par suite des plaintes élevées contre elles. Mais la cour devant laquelle la plainte sera portée pourra ordonner la suspension de l'exécution jusqu'à ce qu'il ait été statué sur la plainte.

§ 37.

Les plaintes ayant pour motif la discipline, l'expédition des affaires ou des retards y apportés, continueront à être adressées aux autorités disciplinaires actuellement établies.

§ 38.

Les dispositions de la présente loi ne seront pas applicables aux affaires de partage dépendant de la compétence des commissions générales, et à leur défaut des sections de gouvernement.

§ 39.

Époque de la mise en vigueur et dispositions particulières au grand-duché de Posen.

La présente loi commencera à être mise en vigueur le 1ᵉʳ décembre 1846.

A partir de cette époque, la suspension des dispositions du deuxième et du quatrième titre de la loi du 1ᵉʳ juin 1833, relative à la procédure sommaire, ayant existé jusqu'à présent à l'égard du grand-duché de Posen (*V.* § 7 de la loi du 16 juin 1834, *Bulletin des lois*, p. 75) cessera, et les mêmes dispositions,

ainsi que celles de la présente loi, recevront également leur application dans le grand-duché de Posen.

Toutes les actions qui ont été introduites avant le 1er décembre 1846 seront jugées dans l'instance où elles sont pendantes, d'après les prescriptions établies jusqu'à présent; les
nouvelles prescriptions seront appliquées après que l'instance
sera terminée, et à la demande conforme des parties, même
dans le cours de l'instance pendante.

Donné à Sans-Souci, le 21 juillet 1846.

L. S.   *Signé* FRÉDÉRIC-GUILLAUME.

DE ROCHOV, DE SAVIGNY, UHDEN.

Pour légalisation, BODE.

SECONDE PARTIE. — Loi du 17 juillet 1846.

SECTION Iʳᵉ. — *Observations préliminaires.*

16. Nous arrivons à l'examen de la loi du 17 juillet. Si les dispositions de cette loi sont bien plus nombreuses que celles qui ont réglé la procédure civile, elles sont du moins conçues dans un esprit plus uniforme. Ce n'est plus une réunion ingénieuse de plusieurs systèmes différents offrant un ensemble à la fois neuf et complet, mais la reproduction d'un modèle facile à reconnaître. Cette reproduction, cette imitation a été faite avec une circonspection et une mesure extrêmes : c'est avec les plus grands ménagements qu'on est entré dans le vaste champ des innovations et des réformes ; elles n'en sont pourtant ni moins étendues ni moins profondes. En empruntant à la procédure criminelle de la France ses éléments principaux, le ministère public, le débat oral, la publicité des audiences, l'information préliminaire ou l'instruction séparée de l'examen, la distinction des diverses espèces de délits, le législateur prussien a irrévocablement abandonné le système en vigueur jusqu'à présent. Ce système, emprunté aux justices ecclésiastiques, s'était établi dans la procédure criminelle allemande, avec quelques modifications introduites par le Code publié en 1805.

17. On connaît le principe des justices ecclésiastiques en matière criminelle. Le nom de ce principe s'est attaché à une institution d'une triste et douloureuse célébrité. Ce n'est pas cepen-

dant dans les tribunaux érigés contre les hérétiques qu'il s'est montré pour la première fois, ainsi qu'on l'a supposé; il existait longtemps auparavant dans les justices ecclésiastiques, et il avait été développé par plusieurs décrétales, entre autres par celle émanée d'Innocent III en l'année 1198.

Le principe d'inquisition amena avec lui la forme de dénonciation (*denuntiatio evangelica*) remplaçant celle de l'accusation et tout ce cortége de preuves légales connues sous des dénominations différentes, depuis celle des témoins *classiques* jusqu'à celle du serment purgatoire [1].

Dans ce système, la peine prit le caractère d'un châtiment, l'instruction fut dirigée exclusivement contre la conscience du prévenu, et tendit à obtenir avant tout son aveu. Autour de ce but furent concentrés tous les efforts de l'instruction : la torture fut créée avec ses instruments sans nombre [2]. Les preuves furent distinguées en preuves complètes, demi-preuves [3], et, à la suite de cette distinction, des peines *extraordinaires* [4] furent instituées à côté des peines ordinaires.

En présence de la procédure criminelle telle qu'elle s'était établie dans les justices ecclésiastiques sous cette forme rigoureuse et logique qui distingue toutes les créations de l'Église, telle qu'elle avait été interprétée et développée ensuite par les glossateurs et par les criminalistes d'Italie, l'ancienne procédure allemande, avec le jugement par des élus du peuple [5], avec le mode d'accusation, avec le débat oral et public, s'affaiblissait de plus en plus

---

[1] *Classici testes; juramentum purgatorium, purgatio canonica, tortura spiritualis.*
[2] *Media eruendæ veritatis.*
[3] *Probationes plenæ, minus plenæ, semi-plenæ.*
[4] *Pœnæ extraordinariæ.*
[5] Institution des échevins, *Schoeffenverfassung.*

et disparut à la fin complétement. Les principaux éléments de la procédure canonique vinrent successivement y prendre place : l'instruction secrète et écrite, les preuves légales, les peines extraordinaires. Des juges savants furent substitués aux justices populaires. Les actes de l'instruction furent envoyés à de doctes colléges [1], aux Universités, aux Facultés de droit, qui devaient formuler les jugements sur l'examen de ces actes. Par suite de cet usage bizarre, qu'on a voulu justifier par la maxime que l'accusé ne devait pas se trouver à la portée de l'autorité judiciaire appelée à prononcer sur son sort, qu'il ne devait pas être *vu* par elle, le véritable juge fut réduit au simple rôle de recueillir les pièces relatives à l'information préliminaire, et de mettre le jugement à exécution [2].

18. Dans cette procédure, une grande controverse s'était élevée et occupa les jurisconsultes allemands pendant plusieurs siècles. Elle avait pour objet l'article 22 de la constitution de Charles V connue sous le nom de *Carolina*. Cet article défendait la condamnation à une peine criminelle sur simples indices. Longtemps la pratique sut concilier l'observation de cette loi avec l'application de la torture par laquelle elle arrivait à obtenir ce que l'on considérait comme la preuve fondamentale (*reginaprobationum*), l'aveu des prévenus. Mais lorsque les idées philosophiques eurent envahi le domaine de la criminalité et que ce remède héroïque fut circonscrit dans des limites de plus en plus étroites, la pratique dut recourir à d'autres moyens pour le maintien de cette disposition. Les uns voulurent alors faire une distinction entre les simples soupçons et les indices, les autres entre les peines

---

[1] *Spruchcollegien.*

[2] Voir sur le système de la procédure criminelle allemande l'article de M. Paulsen inséré dans la *Revue de Droit français et étranger*, t. Ier, p. 836-840.

afflictives et les peines criminelles ordinaires [1]; on disait aussi que la prohibition de l'article 22 concernait uniquement les juges populaires (échevins) tels qu'ils avaient encore existé à l'époque de la constitution de Charles V, mais qu'elle ne liait point les juges savants : à la fin on fut à peu près d'accord sur les prohibitions de l'article 22, que l'on considérait, par suite de la suppression partielle ou totale de la torture, comme n'existant plus.

19. Ce fut dans ces circonstances que fut publié, le 11 décembre 1805, le Code d'instruction criminelle (*Criminal-Ordnung*). Il reproduisit les parties principales de la procédure criminelle allemande : l'instruction secrète et écrite basée sur le principe d'inquisition, les preuves légales et la nécessité d'obtenir pour la constatation du crime l'aveu de l'accusé, même par des moyens coercitifs; mais il supprima en même temps, d'une manière définitive, la torture, l'usage de faire prononcer le jugement par des corps savants, par les Universités, et une foule d'abus qui s'étaient introduits successivement dans la procédure allemande. A côté des peines ordinaires fut établi un système de peines extraordinaires. La transition, toutefois, de l'information préliminaire à l'examen, ou, pour emprunter l'expression allemande, de l'instruction générale à l'instruction spéciale, n'y fut marquée que d'une manière fort incomplète, et rien ne fut fait pour séparer ces deux parties fondamentales de la procédure criminelle [2].

Le Code fut précédé d'une organisation régulière et complète des juridictions en matière criminelle.

---

[1] L'article parlait de soupçons et d'indices (*Anzeigung, Argwohn, Wahrzeichen und Verdacht*) et de peine afflictive (*peinliche Strafe*).

[2] Les jurisconsultes allemands distinguent les deux degrés de *inquisitio generalis* et *inquisitio specialis* : ils y ajoutent, comme troisième degré de l'instruction dans les affaires capitales, l'interrogatoire *articulé* et solennel de l'inculpé devant le tribunal assemblé.

20. L'organisation judiciaire fut opérée dans la vue de n'accorder le jugement des causes criminelles qu'à des tribunaux composés d'un certain nombre de membres. A cet effet la juridiction fut déférée en général aux colléges supérieurs ou colléges territoriaux de justice [1] : les tribunaux inférieurs, dits de ville ou de campagne [2], ne devaient l'exercer que dans des limites fort restreintes; ils ne peuvent prononcer que des amendes jusqu'à 50 écus, ou un emprisonnement ne dépassant pas quatre semaines, ou de légères punitions corporelles.

Auprès de la plupart des colléges supérieurs, des chambres spéciales furent établies sous la dénomination de *Inquisitoriat*, et elles ont été chargées, à la place des juges inférieurs, de l'instruction des affaires, ainsi que de la mise à exécution des sentences criminelles. La faculté, toutefois, d'instruire et de prononcer en matière criminelle ne fut pas enlevée directement aux justices inférieures : le choix leur fut au contraire laissé ou de renvoyer les causes aux colléges supérieurs, ou de les retenir. Cependant les renvois devinrent tellement fréquents, que l'autorité législative s'est vue dans la nécessité d'intervenir et de défendre expressément aux tribunaux de renvoyer les causes dont le jugement était de leur compétence. Par un ordre de cabinet en date du 31 janvier 1833, le ministre de la justice a été autorisé en outre, dans le but d'éviter l'encombrement des affaires criminelles dans les colléges supérieurs, à étendre la compétence des tribunaux composés de plusieurs juges.

Toutes les sentences en matière criminelle sont sujettes à l'appel : l'appel se fait de la juridiction inférieure à la juridiction supérieure; et dans les affaires où les colléges de justice prononcent en

---

[1] *Landes-Justiz-Collegien, Oberlandes-Gerichte.*
[2] *Stadt-und-Land-Gerichte.*

première instance, il se fait d'une chambre ou d'un collége à l'autre.

Les jugements qui prononçaient un emprisonnement excédant trois ans devaient être soumis à l'approbation du ministre de la justice : par un ordre de cabinet du 4 décembre 1824, la nécessité de cette approbation ministérielle fut restreinte aux condamnations à la peine de mort ou à la détention perpétuelle, et aux crimes de lèse-majesté, de haute trahison et de rébellion.

21. La partie du Code dont l'exécution a donné lieu aux plus grandes difficultés, dans laquelle pourtant le législateur de cette époque a échoué complétement, c'est la théorie des preuves légales.

Le Code reconnaît deux espèces de preuves nécessaires pour constater la culpabilité de l'accusé et pour motiver un jugement de condamnation : la preuve directe et complète, à laquelle le juge devait appliquer régulièrement la peine *ordinaire*, et la preuve incomplète, à laquelle il devait appliquer la peine extraordinaire. La preuve complète ne pouvait ressortir que de l'existence des trois conditions suivantes, séparées ou réunies : de l'aveu contenant les prescriptions légales, de titres ou actes écrits, et des dépositions conformes de deux témoins possédant les qualités requises par la loi. La *conviction complète* du juge pouvait s'acquérir uniquement par la présence de ces preuves directes. La preuve indirecte était celle résultant d'indices ou de diverses circonstances réunies dont l'existence ne se trouvait point affaiblie par celle de circonstances opposées. Elle devait entraîner la prononciation d'une peine extraordinaire.

Les indices ont été distingués en proches et éloignés (*indicia proxima* et *remota*), en simultanés, précédents et subséquents, en directs et contraires, etc.

Une conséquence de ce système fut le renvoi ou sursis de l'instance [1] : lorsque la preuve de la culpabilité ne pouvait pas être fournie d'une manière suffisante, sans que toutefois des indices ou soupçons existants eussent été dissipés ou réfutés complétement, l'accusé était renvoyé provisoirement de l'instruction, sauf à être traduit de nouveau en justice. Si des indices ou des faits nouveaux venaient à surgir, la preuve pouvait être complétée par la suite. L'instruction pouvait en tout temps être recommencée, et le prévenu condamné tant à une peine ordinaire qu'à une peine extraordinaire. S'il s'agissait de crimes d'État, de vols, d'incendies volontaires et de fraudes punies par les lois criminelles, celui qui avait été renvoyé de l'instance était soumis à la surveillance de la haute police.

En outre des renvois de l'instance, les jugements d'acquittement différaient dans leurs effets suivant qu'ils étaient prononcés pour défaut de preuves de la culpabilité, ou après que l'innocence de l'accusé avait été prouvée : dans le premier cas les poursuites pouvaient être reprises pour des motifs graves ; il fut cependant défendu aux tribunaux d'énoncer cette différence dans les jugements [2].

Le condamné à une peine extraordinaire pouvait être jugé de nouveau, et sa peine convertie en une peine ordinaire.

22. Le mode de procéder usité en Prusse jusqu'ici en matière criminelle présente une analogie complète avec celui qu'on suivait en matière civile.

C'est un fait intéressant que la presque identité de procédure dans deux matières aussi différentes. Ce fait est la contre-partie de ce qui s'est pratiqué dans l'antiquité, notamment à Rome ; et il est assurément digne d'attention que, par le seul jeu libre des

[1] *Entbindung von der Instanz*, *absolutio ab instantia*.
[2] Rescrit royal du 29 avril 1817.

institutions comme par les efforts savants du législateur, deux faits analogues en sens opposé se sont produits à des époques si éloignées et si différentes l'une de l'autre.

On connaît la marche de la procédure criminelle à Rome. Elle portait le caractère d'un débat engagé exclusivement entre l'accusateur individuel et l'accusé, débat dans lequel il est facile de distinguer tous les éléments de la procédure civile, depuis la *in jus vocatio*, *nominis receptio*, l'indication du jour d'audience (*diei dictio*), l'acte d'accusation (*libellus accusationis*) et l'entrée en état d'accusation (*reatus*), analogues à la citation, à la délivrance de la formule ou de l'action et à la litiscontestation, à travers le mode d'interrogatoire (*interrogatio*) du prévenu et d'audition des témoins, jusqu'à la rédaction et aux formes du jugement. La preuve incombait exclusivement à l'accusateur, et le juge n'intervenait qu'après la clôture des débats pour prononcer la sentence de condamnation ou d'acquittement, selon que l'accusation avait été démontrée bien ou mal fondée.

Nous avons exposé plus haut la marche de la procédure et les fonctions des juges chargés de l'instruction des affaires civiles. Les formes et les fonctions sont les mêmes dans l'instruction et le jugement des affaires criminelles ; il y a seulement ici quelques formalités, quelques circonstances de plus.

Ainsi l'information préliminaire terminée, le prévenu doit être interrogé pour la dernière fois par le juge d'instruction [1], et c'est alors qu'il lui est nommé par le tribunal un défenseur qui reçoit communication des actes rédigés par le juge-instructeur.

---

[1] Cet interrogatoire (*Schlussverhoer*), lorsqu'il s'agit de crimes graves punis de travaux forcés pendant dix ans au moins, doit être fait par questions *articulées :* c'est l'interrogatoire articulé de la procédure allemande. *V.* la note 2, p. 49, ci-dessus.

Une défense écrite est présentée par ce dernier. Le tribunal, après en avoir pris connaissance, entre en délibération sur la question de savoir si les actes de l'instruction doivent être considérés comme complets et s'il y a lieu d'en prononcer la clôture. S'il la décide dans le sens de l'affirmative, il nomme en même temps un ou plusieurs juges chargés de lui présenter un rapport. Ici encore, de même que nous l'avons observé plus haut, la vérité des faits n'arrive au tribunal qu'après avoir passé par plusieurs intermédiaires et ayant subi diverses transformations.

23. Il est à peine nécessaire de faire remarquer la durée interminable des procédures criminelles dans le système en vigueur jusqu'à présent. Les opérations du juge d'instruction, la comparution finale du prévenu, la nomination du défenseur, l'acte de défense présenté par celui-ci, le travail des juges rapporteurs, formaient autant de points d'arrêt qui retardaient indéfiniment le jugement. Quelquefois les pièces de l'instruction restèrent pendant des mois entiers chez chacun des juges rapporteurs. Aussi la durée ordinaire de la plupart des procès criminels n'était jamais moindre d'une année, celle des affaires capitales atteignait trois années; de sorte que l'on put dire que la plus grande partie des criminels subissaient leurs peines pour des crimes dont, pendant le cours de l'instruction, ils avaient perdu le souvenir.

24. Les changements qui viennent d'être introduits par la loi du 17 juillet dernier se résument dans les termes suivants :

Toute juridiction, même en matière de contraventions de police, a été retirée aux autorités administratives et rendue aux autorités judiciaires (§§ 111, 112).

Les tribunaux ne sont plus chargés de poursuivre les crimes et de commencer les instructions d'office, mais à la requête seulement du ministère public institué à cet effet (§ 5).

Ce n'est plus par l'examen des actes savamment élaborés et par une double ou triple voie détournée que le tribunal reçoit la connaissance des faits, mais ils lui sont présentés directement et sans intermédiaire à l'audience même : il voit l'accusé, interroge les témoins et il entend l'accusation et la défense (§§ 15, 32, 56, 57, 70, 71, 86, 114, 124).

Le système des preuves légales et de la preuve par indices est abandonné. Le juge n'est plus astreint à aucun mode déterminé de preuves, et il ne doit prononcer le jugement que d'après sa conviction. On distingue déjà le nouveau juge de l'ancien par le nom de *jury-magistrat* [1] (§ 18).

Les créations si compliquées de la peine extraordinaire et du renvoi de l'instance sont abolies (§§ 19, 20).

L'emploi de tous moyens coercitifs pour obtenir des aveux est défendu (§ 18).

La confirmation des jugements criminels par le ministre de la justice est abrogée complétement (§ 23).

Jusqu'à présent tout recours en matière de contraventions de police, jugées par les autorités administratives, se faisait au ministre de l'intérieur dont les bureaux se trouvaient constamment inondés par une foule de recours contre des condamnations prononcées pour avoir enfreint les défenses de fumer, de débiter dans les rues et autres semblables. Ces recours suivront désormais la voie judiciaire ordinaire (§§ 119, 120).

Des traces nombreuses des idées reçues jusqu'à ce jour sont restées visibles dans la nouvelle loi. Nous citons le § 20, qui veut que dans certains cas le juge applique une peine extraordinaire; dans le § 22, qui parle du renvoi de l'instance; dans le § 16,

---

[1] *Rechtsgelehrte-Jury*, par opposition au *Laien-Jury*, jury de laïques.

qui veut qu'il y ait jugement même après que l'accusation aura été retirée par le ministère public; dans le § 6, qui remet au ministère public le soin de la défense de l'accusé; dans la constitution incomplète du droit de défense (§§ 16, 48, 52, 55, 69).

Enfin la mise en vigueur de la nouvelle loi a été limitée au ressort de la cour criminelle et de la cour de chambre de Berlin.

qui veut qu'il y ait jugement même après qu'il soit......
les actions par le ministère public, dans le § 15, qui......
statue aussi sur le......de la défense de l'accusé......

Section II. — *Loi du 17 juillet 1846, relative au mode de procédure dans les instructions criminelles portées devant le tribunal de chambre (Kammergericht) et le tribunal criminel de Berlin.*

25. Nous, Frédéric-Guillaume, par la grâce de Dieu, roi de Prusse, etc.

Depuis le commencement de notre règne nous avons eu l'intention de soumettre les dispositions de l'ordonnance criminelle du 11 décembre 1805, et la deuxième section du titre 35 du premier volume du Code général de procédure, à une réforme, afin de rendre l'administration de la justice prompte, sûre et conforme à la dignité de la magistrature, et d'introduire la procédure orale devant les tribunaux de province, où le Code général de procédure est en vigueur. En présence des longs travaux préparatoires qu'exigeront à cet égard les dispositions définitives et la réforme de l'organisation judiciaire actuelle, nous avons résolu de commencer par introduire ce mode de procédure dans les tribunaux de notre capitale et résidence de Berlin, dont la constitution n'y soulèvera aucune entrave. En conséquence, après avoir pris l'avis de notre ministre d'État et d'une commission que nous avons nommée parmi les membres de notre conseil d'État, nous décrétons ce qui suit.

Titre Ier. — Du mode de procéder dans la recherche des crimes et des délits.

§ 1er.

Les prescriptions du présent titre seront appliquées à toutes les instructions commencées en matière criminelle, dont l'introduction et la conduite appartiennent au tribunal de chambre et au tribunal criminel de Berlin.

§ 2.

I. *Dispositions générales.*

1. Ministère public, et ses rapports avec les autorités de police et judiciaires.

Il sera établi près du tribunal de chambre et près du tribunal criminel pour les affaires criminelles, dans les attributions de chacun des deux tribunaux, un procureur du roi choisi parmi les fonctionnaires aptes aux emplois supérieurs, qui, dans tous les crimes, à l'exception de contraventions légères désignées au § 24, devra rechercher et amener la découverte des auteurs et leur poursuite en justice.

Il sera adjoint, autant que les besoins l'exigeront, à chaque procureur du roi des adjoints substituts (adjoints) placés sous sa surveillance et devant suivre ses instructions; partout où ils se présenteront pour lui, ils auront droit d'exercer toutes ses fonctions.

Le § 28 indiquera les fonctionnaires auxquels appartient la poursuite de contraventions légères.

§ 3.

Le procureur du roi et ses substituts ne font pas partie du corps judiciaire; ils ne sont pas soumis, dans l'exercice de leurs fonctions, à la surveillance des tribunaux, mais à celle du ministre de la justice, dont ils devront suivre les instructions.

La nomination des procureurs du roi sera faite par nous, sur la présentation du ministre de la justice.

Les substituts seront nommés par le ministre de la justice, et pourront toujours être révoqués par lui.

§ 4.

Le directeur de la police et ses employés resteront chargés, comme par le passé, de rechercher toutes espèces de crimes, et de faire tous les actes nécessaires à l'effet de les constater et d'en arrêter les auteurs ; mais ils devront envoyer au procureur du roi compétent tous les actes, pour qu'il puisse continuer l'instruction et donner suite à ses réquisitions pour ce qui concerne l'introduction ou la continuation des instructions préparatoires ou la poursuite et l'arrestation des personnes suspectes.

Le directeur de la police est tenu de donner connaissance, dans les vingt-quatre heures, au procureur du roi compétent, de toute arrestation faite pour un crime.

§ 5.

Les tribunaux ne pourront plus intervenir d'office dans l'introduction et la conduite des instructions, mais seulement à la requête du procureur du roi ; ils sont tenus de donner aussitôt communication au procureur du roi de tous les crimes arrivés à leur connaissance et de faire droit aux conclusions posées par lui sur la constatation des faits et d'autres points à établir, et de nommer à cet effet, s'il était nécessaire, un juge d'instruction.

S'il y a péril en la demeure, les tribunaux pourront aussi, sans les réquisitions du procureur du roi, procéder à toutes les recherches, arrestations et mesures nécessaires pour amener la découverte de la vérité. La délibération toutefois qui les aura précédées sera communiquée aussitôt au procureur de roi.

§ 6.

Le procureur du roi a pour mission de veiller à ce qu'en matière de procédure criminelle les prescriptions de la loi soient toujours observées. Il devra veiller en conséquence, non-seulement à ce qu'aucun coupable n'échappe à la peine, mais encore à ce qu'aucun innocent ne soit poursuivi.

§ 7.

Le procureur de l'État ne pourra pas procéder lui-même à des actes d'instruction, à des arrestations ni à des saisies, mais il devra les requérir suivant les circonstances, soit auprès du directeur de la police, soit auprès du tribunal compétent; mais il a le droit d'assister à tous les actes de police et aux actes judiciaires concernant des objets compris dans son cercle d'attributions, et de se mettre en communication directe avec le fonctionnaire chargé de la poursuite et d'adresser à ce fonctionnaire les conclusions et les communications en rapport avec le but de l'instruction.

§ 8.

Le procureur du roi a le droit d'inspecter en tout temps tous les actes, soit de police, soit judiciaires, relatifs à un objet faisant partie de son cercle d'attributions. Il a en outre la mission de remédier aux imperfections, aux retards et autres irrégularités qu'il observera lors des instructions par des réquisitoires présentés à l'autorité supérieure du fonctionnaire chargé de l'instruction.

§ 9.

Le procureur du roi ne pourra intervenir dans les délits commis par un fonctionnaire public, que sur la demande de l'autorité supérieure de ce dernier (§§ 5 et suivants de la loi du 27 mars 1844).

§ 10.

Le procureur du roi devra faire droit à une pareille demande et présenter l'accusation au tribunal alors même que son opinion sur l'accusation serait en désaccord avec celle de cette autorité. Il devra encore, sur une pareille demande, faire usage des voies de droit contre les décisions judiciaires intervenues dans ces sortes de poursuites.

§ 11.

Les tribunaux ne sont pas astreints aux conclusions posées par le procureur du roi, et n'ont pas seulement à examiner si ces conclusions sont dans la forme voulue par la loi, mais ils sont tenus au contraire d'examiner les faits dont le procureur du roi a requis l'instruction ou la punition, et s'ils trouvent que les faits sont punissables, mais qu'ils doivent être rangés sous l'application d'une autre loi pénale que celle invoquée par le procureur du roi, ils décideront ce qui leur paraît plus conforme à la loi.

§ 12.

Tant que le tribunal n'aura pas statué régulièrement sur le commencement d'une instruction, le procureur du roi pourra abandonner l'accusation; et aussitôt qu'il l'aura déclaré, toute mesure ultérieure concernant l'instruction devra être arrêtée. Une fois l'instruction formellement commencée, elle devra être terminée par un jugement.

§ 13.

Le procureur du roi aura un délai de dix jours à compter du jour de la notification, pour interjeter appel auprès de la cour supérieure contre la décision du tribunal par lequel la requête tendante à l'introduction d'une instruction aura été rejetée ; la décision de la cour sera en dernier ressort.

S 14.

Pendant la durée de l'information préparatoire, et dans tout le cours de l'instruction, le tribunal pourra ordonner l'arrestation ou la mise en liberté du prévenu.

§ 15.

2. Débat oral devant le tribunal.

La prononciation du jugement sera précédée d'une discussion orale devant le tribunal ; le procureur du roi et le prévenu seront entendus, les preuves reçues et la défense de l'accusé présentée de vive voix.

§ 16.

Le prévenu pourra, dans tous les cas, se faire assister d'un défenseur, mais dans les instructions relatives aux crimes désignés dans les §§ 39 et 64 seulement, il aura le droit de demander qu'un défenseur lui soit nommé d'office.

§ 17.

Tous les fonctionnaires attachés à l'administration de la justice, notamment les commissaires de justice, les référendaires et les auscultateurs, ainsi que les personnes intéressées, pourront assister aux débats. Toutes les personnes non intéressées dans l'affaire devront s'éloigner si l'accusé le demande, ou si le tribunal le juge convenable par des motifs d'ordre public et de morale.

§ 18.

3. Exclusion des moyens coercitifs contre l'accusé.

Aucun moyen de contrainte ne doit être employé pour amener des aveux de la part de l'accusé [1].

§ 19.

4. Preuves et jugement.

Les dispositions législatives actuellement en vigueur, relatives au mode de procéder lors de la réception des preuves, et aux personnes qui pourront être entendues après ou sans avoir prêté serment, continueront à être observées.

Mais les règles spéciales établies jusqu'à présent, relativement aux effets attachés aux preuves légales, cesseront d'être appliquées. Désormais le juge devra prononcer après mûr examen de toutes les preuves produites contre l'accusé et de ses moyens de défense, d'après son intime conviction, puisée dans l'ensemble des débats qui ont eu lieu en sa présence : si *l'accusé est coupable* ou *non coupable*, ou s'il *doit être renvoyé de l'accusation*. Mais il devra dénoncer dans le jugement les motifs qui l'ont dirigé dans cet examen.

---

[1] *V.* Code d'instruction criminelle de 1805, §§ 282-296.

Le renvoi *provisoire* (renvoi de l'instance) ne pourra plus être prononcé [1].

§ 20.

L'accusé déclaré *coupable* sera condamné à la peine entière telle qu'elle est établie par la loi.

Si toutefois la loi a prononcé la peine de mort ou la détention perpétuelle, le tribunal est autorisé, dans les cas où d'après les règles positives en vigueur jusqu'à présent, et établies par le Code d'instruction criminelle, les preuves apportées contre l'accusé ne pourraient pas être considérées comme suffisantes, de prononcer à la place de la peine de mort une détention perpétuelle ou temporaire, et à la place d'une détention perpétuelle une détention temporaire.

§ 21.

Il ne sera pas nécessaire d'informer expressément le condamné des moyens de droit dont il pourra disposer.

§ 22.

Celui qui aura été déclaré *non coupable* ne pourra plus être poursuivi pour les mêmes faits.

Une reprise des poursuites, motivée sur la découverte de charges et preuves nouvelles, pourra être exercée contre celui qui aura été *renvoyé seulement de l'accusation* tant que la prescription ne sera pas encourue. La reprise des poursuites pourra avoir lieu dans les cas qui viennent d'être énoncés, même lorsque la première accusation aura été retirée par le ministère public,

---

[1] C'est l'institution connue jusqu'à présent dans la procédure criminelle de la Prusse, sous le nom de *absolutio ab instantia.*

ou lorsque ses conclusions tendantes à l'ouverture de l'instruction auront été rejetées par le tribunal.

§ 23.

Il n'y aura plus lieu à une confirmation des jugements par le
ministre de la justice.

§ 24.

II. *Dispositions particulières*.

A. Mode de procéder en première instance. — 1. A l'égard des délits légers.

L'instruction et le jugement en première instance des délits
que les lois punissent d'une amende de 50 écus, d'un emprisonnement qui ne peut excéder six semaines, une punition corpo-
relle, ou plusieurs de ces peines à la fois, appartiendront à des
juges uniques délégués à cet effet.

Les juges seront compétents, alors même qu'en outre de ces
peines il y aura lieu de prononcer des peines d'honneur.

Sont exceptés de la compétence des juges uniques les cas dans
lesquels il y aura lieu de prononcer la perte de la noblesse, d'un
emploi, d'un titre, d'une dignité ou du droit d'exercer une profession, ou dans lesquels la condamnation entraînera pour l'accusé, d'après les dispositions de la loi, la perte d'une qualité,
d'un droit de juridiction, de patronat ou de cité.

D'après le § 25 les fonctions du ministère public seront rem-
plies dans cette première espèce de délits par des employés de
police désignés par le président (chef) de police.

L'accusation peut être présentée par écrit ou de vive voix (§ 26 [1]).

---

[1] Nous nous bornons à donner en substance les paragraphes qui nous parais-
sent être en France d'une moindre importance : par le même motif nous en avons
omis plusieurs.

Si le prévenu présent à l'accusation avoue les faits, ou si les preuves à charge ou à décharge peuvent être fournies au moment de l'accusation, l'instruction doit être aussitôt terminée et le jugement prononcé. S'il ne pouvait pas être prononcé séance tenante, le prévenu est entendu, et il est indiqué dans un délai rapproché un jour d'audience (§§ 27, 28).

Dans les cas où le prévenu ne peut pas être aussitôt amené, il est cité pour se présenter à l'audience, sous peine d'être jugé par défaut (§ 29). Il ne peut demander une remise du jour fixé pour l'audience qu'en justifiant des cas d'empêchement sérieux (§ 30).

Les témoins sont assignés conformément aux règles établies par le Code d'instruction criminelle (§ 31).

A l'audience l'accusation est présentée par l'employé de police remplissant les fonctions du ministère public (*Polizei-Anwalt*) et les prévenus sont entendus dans leurs observations ; on procède ensuite à la réception des preuves, le ministère public pose ses conclusions, le prévenu présente sa défense, après quoi un jugement motivé est rendu.

Le juge, toutefois, lorsqu'il pense que les faits n'ont pas été suffisamment éclaircis, et que des preuves nouvelles sont devenues nécessaires par suite de faits révélés seulement à l'audience, peut renvoyer la prononciation du jugement et indiquer un autre jour pour la suite des débats (§ 32).

Si le prévenu cité valablement ne comparaît pas au jour fixé, ou s'il refuse de s'expliquer sur l'accusation, il est jugé par défaut après que le défenseur qui s'est présenté pour lui a été entendu (§ 33).

Les §§ 34, 35 et 36 contiennent des dispositions relatives aux témoins.

Si le juge trouve que les faits renferment un délit dont le jugement n'est pas de sa compétence, il doit renvoyer l'affaire devant le juge compétent (§ 37).

Il est dressé un procès-verbal par le greffier, qui doit contenir en substance les faits de l'accusation, les déclarations du prévenu et des témoins, et où l'on inscrit le jugement accompagné de ses motifs. Il doit être signé par le juge et le greffier (§ 38).

§ 39.

2. A l'égard des délits graves.

Il sera procédé à l'instruction et au jugement en première instance par une députation composée de trois membres :

1° Dans les délits désignés dans la disposition finale du § 24, qui sont exceptés de la compétence des juges uniques ;

2° Dans les délits punis par les lois :

Soit d'une amende qui dépasse le maximum de 50 écus ;

Soit d'un emprisonnement dont le maximum est de plus de six semaines, mais n'excède pas trois ans ;

Soit de ces deux peines réunies, alors même qu'elles entraînent en outre la perte de droits honorifiques et d'autres droits ;

3° Dans les vols communs du second et du troisième degré, ou qui ont été commis avec des circonstances aggravantes, et dans les premiers vols commis avec violence.

Les décisions de cette députation, ainsi que le jugement, seront rendus à la pluralité des voix.

§ 40.

Pour que l'instruction pût être commencée contre une personne désignée dans les cas énumérés au § 39, il faut :

1° Un acte d'accusation rédigé par le ministère public, contenant : le nom de l'accusé, l'exposé des faits mis à sa charge, les preuves à l'appui, notamment les noms des témoins à charge, ainsi que la désignation du délit mis à la charge du prévenu ;

2° Un décret rendu par la députation, à la suite de l'acte d'accusation, ordonnant l'ouverture de l'instruction, dans lequel seront indiqués le nom du prévenu et le délit dont il est accusé.

§ 41.

Le décret et la délibération qui le précède auront lieu hors de la présence du procureur du roi.

Si la députation est d'avis qu'il n'y a pas lieu de commencer une instruction, elle ordonnera en même temps la mise en liberté du prévenu s'il se trouve arrêté.

§ 42.

Si avant de statuer sur le commencement d'une instruction, la députation estime que certains points ont besoin d'être éclaircis, elle les indiquera dans son décret et les fera communiquer au procureur du roi pour y faire droit.

§ 43.

Si le procureur du roi croit nécessaire une information préliminaire en justice (instruction) pour motiver ou pour compléter une accusation, le tribunal, sur sa réquisition, nommera un juge d'instruction.

§ 44.

Ce juge observera toutes les prescriptions établies par le Code de procédure criminelle à l'égard du juge d'instruction (*Inquirent*), notamment en ce qui concerne l'emploi d'une personne assermentée chargée de la rédaction du procès-verbal.

§ 45.

Le but de l'information préliminaire est de rechercher et de constater l'existence et la nature du délit dénoncé ainsi que l'auteur, les preuves à conviction autant que cela paraîtra nécessaire pour motiver l'accusation et pour préparer l'examen óral. Le juge d'instruction n'étendra pas en conséquence ses recherches au delà de ce que le besoin exigera.

§ 46.

Il est laissé à la discrétion du juge d'instruction d'entendre des témoins lors de l'instruction.

§ 47.

Le prévenu pourra être entendu lors de l'instruction, si cela paraît utile à l'éclaircissement des faits. Il devra être entendu dans le cas où il se trouvera en état de détention.

§ 48.

Il ne sera pas admis de défenseur lors de l'instruction.

§ 49.

L'information préliminaire terminée, le juge d'instruction remettra les pièces au procureur du roi; si celui-ci renonce à l'accusation, le prévenu arrêté sera remis en liberté.

S'il trouve qu'il y a lieu à suivre l'accusation, il présentera l'acte d'accusation (§ 40, n° 1) sur lequel la députation sera appelée à statuer (*V.* § 40, n° 2, et § 41).

La députation fixera en même temps le jour du débat oral (§ 50).

L'acte d'accusation est lu au prévenu s'il est détenu, et il est entendu sur ses moyens de défense et sur les témoins qu'il veut faire appeler.

A cet effet il peut lui être accordé un délai (§ 51).

L'acte d'accusation et le décret de la députation sont communiqués au défenseur du prévenu (§ 52).

Le prévenu qui ne se trouve pas en état de détention est assigné : une copie de l'acte d'accusation et du décret (*V.* § 40) lui est communiquée de la manière prescrite au § 29.

La liste des témoins qui doivent être entendus à la requête du ministère public doit être communiquée au prévenu lors de son interrogatoire (*V.* § 51) ou dans l'assignation (§§ 53 et 54).

Le prévenu peut librement communiquer avec son défenseur avant le jour d'audience ; celui-ci peut prendre, au greffe du tribunal, connaissance des actes de l'instruction (§ 55).

Les §§ 30-38 sont applicables aux débats de l'audience, sous les modifications suivantes :

Le président de la députation a la direction des débats (§ 57).

Les témoins entendus lors de l'instruction sous la foi du serment ne sont pas astreints à prêter de nouveau serment, mais sont rappelés à celui qu'ils ont prêté (§ 58).

Si le prévenu valablement assigné ne comparaît pas à l'audience, le tribunal, au lieu de procéder au jugement par défaut prescrit par le § 33, peut ordonner qu'il soit arrêté et amené à une audience prochaine (§ 59).

La délibération sur le jugement a lieu à huis clos.

Le tribunal, s'il trouve que les faits incriminés contiennent un délit d'un degré inférieur à sa compétence, peut cependant prononcer le jugement (§ 61).

Le jugement peut être prononcé dans la huitaine du jour d'audience (§ 62).

Il doit être rédigé séparément : mention de ce qu'il a été prononcé est faite sur le procès-verbal (§ 63).

§ 64.

3. A l'égard des crimes ou délits commis dans des circonstances aggravantes.

Dans l'instruction et le jugement en première instance concernant :

1° Les crimes qui sont punis par les lois de peines au delà d'un emprisonnement de trois mois, et ne font pas partie de ceux indiqués au § 39, n° 3 ;

2° Tous les délits commis par des fonctionnaires publics.

On appliquera les §§ 40 jusqu'à 63, sous les modifications suivantes :

Le débat oral est toujours précédé d'une instruction judiciaire (§§ 44-49), dans laquelle le prévenu doit être entendu (§ 65).

Si après la clôture de l'instruction le procureur de l'État déclare produire une accusation, et s'il conclut en conséquence à ce que le prévenu soit mis *en état d'accusation*, il sera statué sur ces conclusions par une députation du tribunal composée de *trois* membres, et le décret en sera communiqué au procureur de l'État et au prévenu (§ 66).

Si la députation est d'avis que l'instruction doit être complétée, elle en charge le juge d'instruction, lequel, après avoir terminé ses opérations, les présente de nouveau au procureur du roi; celui-ci déclare s'il entend persister dans ses conclusions précédentes (§ 67).

Si la mise en accusation est prononcée, le procureur du roi, dans un délai qui ordinairement ne doit pas dépasser huit jours, est tenu de présenter l'acte d'accusation (§ 68).

Si le crime est puni par les lois d'un emprisonnement qui dépasse dix ans, un défenseur doit être nommé au prévenu d'office dans le cas où il n'en aurait pas choisi un lui-même (§ 69).

L'examen et le jugement se font devant une section du tribunal composée de six membres, sauf le cas où le crime est puni de la détention perpétuelle ou de la peine de mort : le nombre des juges est alors porté à huit.

Cette section décide à la pluralité des voix. En cas de partage, l'avis plus favorable prévaut (§ 70).

Le greffier donne lecture de l'acte d'accusation au commencement de l'audience (§ 71).

§ 72.

B. Mode de procéder en seconde instance.

L'accusé ainsi que le ministère public ont un délai de dix jours pour interjeter appel de tout jugement rendu en première instance.

§ 73.

Ce délai commence à courir du jour de la prononciation du premier jugement, ou, s'il a été prononcé par défaut, du jour où il a été signifié à l'accusé.

§ 74.

L'appel est fait au tribunal de première instance, soit par déclaration sur procès-verbal, soit par acte écrit.

§ 75.

L'énonciation des moyens d'appel et leur justification ainsi que la production de faits et des preuves nouvelles peuvent être faites en même temps que la déclaration d'appel ou dans un intervalle de dix jours à partir de cette déclaration. Ce délai peut être prolongé par le tribunal à la demande de l'appelant.

§ 76.

Les pièces relatives à l'appel (74-75) sont communiquées à l'intimé avec la sommation :

De faire connaître dans l'espace de dix jours quels faits et quelles preuves nouvelles il voudra produire de son côté.

Lecture doit être donnée à l'accusé, s'il est détenu, des pièces produites par le procureur du roi à l'appui de l'appel ; le défenseur aura droit de demander communication de ces pièces.

§ 77.

L'appel interjeté par le ministère public emporte le droit pour l'accusé d'y *accéder* pour toutes les parties du jugement contre lesquelles la demande en appel est dirigée.

L'accusé qui veut profiter de ce droit doit, dans les dix jours où il a reçu communication des pièces produites par le ministère public (§ 76), le déclarer au tribunal de première instance soit verbalement sur procès-verbal, soit par écrit, et présenter dans le même intervalle la justification de son adhésion et les faits et preuves nouvelles dont il entend se servir.

Il est donné connaissance au procureur de l'état de ces dernières pièces (§ 78).

§ 79.

Si le tribunal de première instance rejette l'appel ou l'adhésion comme n'ayant pas été faite en temps utile, il pourra être interjeté appel contre cette décision dans les dix jours qui suivront sa signification.

§ 80.

L'examen et la décision en instance d'appel se font, dans les délits légers (§ 24),

Devant une députation composée de *trois* membres du sénat criminel du tribunal de chambre;

Dans tous les autres cas, devant une section du sénat supérieur d'appel du tribunal de chambre, laquelle,

Dans les délits graves (§ 39), se composera de *six* membres, et dans les crimes graves de *huit* membres, et dans les crimes punis par la loi d'une détention perpétuelle ou de la peine de mort, de *dix* membres.

§ 81.

Le procureur du roi chargé d'une poursuite en première instance, la poursuivra également devant la juridiction supérieure.

Est excepté l'appel interjeté contre un jugement rendu par un seul juge, qui doit être soutenu par le procureur du roi attaché à la cour criminelle.

§ 82.

La cour d'appel, après avoir reçu les actes, indiquera un jour pour le débat oral, et le fera connaître au procureur du roi, à l'accusé et aux témoins qui peuvent être entendus en vertu du § 85.

§ 83.

Cette signification doit être faite à l'accusé s'il n'est pas détenu par acte spécial.

§ 84.

L'accusé peut se faire représenter à l'audience par un défenseur; toutefois le juge d'appel peut ordonner sa comparution personnelle.

§ 85.

Ordinairement on ne procédera en appel à la réception de preuves nouvelles, qu'autant qu'elles sont de nature à influer sur l'appréciation des faits qui ont été considérés comme constants par le premier juge; toutefois il pourra être procédé à des preuves nouvelles, et notamment à un nouvel interrogatoire des témoins, si lors de l'examen du premier jugement des doutes graves s'élevaient sur l'exactitude des faits qui y sont considérés comme établis.

§ 86.

Lors du débat oral dirigé par le président (§ 57), un juge-rapporteur nommé au sein de la cour présente un exposé des faits.

La cour entend l'appelant dans la demande d'appel, l'intimé dans sa réponse et le ministère public dans ses conclusions, après avoir examiné les preuves s'il y a lieu. L'accusé et son défenseur parlent les derniers ; l'arrêt est ensuite prononcé.

Il est statué par la même décision sur le double appel qui aura été interjeté.

Sont observées en outre les dispositions relatives au débat oral en première instance.

§ 87.

C. Mode de procéder en troisième instance.

L'arrêt rendu en cour d'appel est en dernier ressort, s'il est entièrement confirmatif d'un jugement de première instance ou si l'appel est déclaré non recevable.

Si la décision rendue en appel diffère de celle de première instance en tout ou en partie, l'accusé et le ministère public pourront, dans le délai de dix jours, se pourvoir en révision. Ce délai commence à courir à partir du jour de la signification de l'arrêt (§ 73).

§ 90.

La demande en révision doit être formulée par écrit, et présentée par le procureur du roi au tribunal de première instance, avec l'indication des points attaqués.

L'accusé peut déclarer sur procès-verbal sa demande en révision, soit à la cour d'appel au moment de la prononciation de l'arrêt, soit au tribunal de première instance. Il peut également ment présenter au tribunal de première instance un acte écrit signé par un jurisconsulte capable de remplir les fonctions de juge.

§ 91.

La décision rendue en appel sur la question de savoir jusqu'à quel point les faits produits dans le cours de l'instruction doivent être considérés comme établis, ne peut pas être attaquée en troisième instance.

§ 92.

Le tribunal de première instance examinera si la demande en révision a été formée en temps utile et si le moyen est admissible : il communiquera ensuite, s'il trouve la demande fondée sous ce double rapport, celle de l'accusé au procureur de l'état, celle du procureur de l'état à l'accusé et à son défenseur, pour recevoir la déclaration contraire dans le délai de dix jours, passé lequel délai il enverra les actes à la cour suprême et en avertira les parties.

§ 93.

La déclaration contraire (§ 92) sera présentée dans la même forme que la demande en révision (§ 90).

§ 94.

Si le tribunal de première instance rejette la demande, la partie pourra se pourvoir aussi à la cour de révision contre cette décision dans le délai de dix jours, à compter du jour où elle lui a été signifiée.

§ 95.

La décision en matière de révision sera rendue par une section (*sénat*) de la cour suprême, sur le rapport présenté par un conseiller-rapporteur auquel un corapporteur sera adjoint si en première et en deuxième instance une détention de dix ans ou une peine plus forte a été prononcée.

Les règles relatives à la manière de recueillir les voix, établies par le § 70, seront appliquées également en troisième instance.

§ 96.

Si la cour suprême trouve la demande en révision fondée, elle pourra réformer l'arrêt rendu en deuxième instance, autant au moins que cet arrêt différera du jugement de première instance.

§ 97.

L'arrêt de révision sera envoyé en expéditions au tribunal de première instance, pour être publié et signifié à l'accusé et au procureur du roi.

§ 98.

D. Voies de restitution.

La voie de restitution contre un jugement passé en force de chose jugée est ouverte à l'accusé et au procureur du roi, s'il peut être établi que le jugement est fondé sur un faux titre ou sur la déposition d'un faux témoin (§ 98).

La demande en restitution doit être présentée au tribunal devant lequel le faux titre ou le faux témoignage a été produit pour la première fois (§ 99).

La demande doit être précédée d'une instruction destinée à constater la fausseté du titre ou de la déposition (§ 100).

L'appel est admis contre le jugement qui prononce le rejet de la demande en restitution (§ 101).

Si le tribunal trouve la demande fondée, il sera aussitôt procédé de nouveau au débat oral, et un nouveau jugement sera rendu à la place du premier, contre lequel les voies de recours ordinaires seront admissibles (§ 102).

§ 103.

E. Effets des voies de recours sur la détention de l'accusé.

L'emploi d'une voie de recours de la part du procureur du roi ne pourra pas retarder la mise en liberté de l'accusé, lorsqu'il n'aura pas été condamné à une peine d'emprisonnement.

§ 104.

Si l'accusé a été condamné à un emprisonnement, le recours interjeté contre le jugement par le procureur du roi n'arrêtera pas l'exécution de la peine.

§ 105.

L'appel interjeté par l'accusé arrêtera l'exécution. L'accusé ne pourra plus désormais, même de son consentement, être conduit provisoirement à la maison de correction. Toutefois le tribunal a le droit, et il est tenu d'ordonner contre l'accusé les moyens de sûreté nécessaires.

Le pourvoi en révision formé par l'accusé n'arrêtera l'exécution de la peine qu'autant que l'arrêt rendu en appel n'aura point acquis la force de la chose jugée.

§ 106.

F. Abolition de la voie d'aggravation.

La voie d'aggravation usitée jusqu'à présent ne pourra plus désormais être prononcée dans les causes jugées conformément aux lois actuelles.

§ 107.

G. Mode de procéder contre des criminels en fuite ou absents.

Le mode de procéder par défaut prescrit par les §§ 577 et 587 du Code d'instruction criminelle, contre les criminels en fuite ou absents, continuera à être appliqué.

§ 108.

H. Des frais.

L'accusé condamné à une peine sera condamné en même temps aux frais du jugement.

Les frais d'un recours qui aura été rejeté seront supportés par la partie qui aura succombé (§ 108).

Les frais d'expédition du jugement sont supportés par l'accusé condamné, à moins qu'il soit hors d'état de les acquitter (§ 109).

§ 110.

I. Crimes exceptés.

Il n'est rien dérogé, par la présente loi, au mode de procéder relatif aux vols commis dans les forêts, aux fraudes de douane, aux injures et aux poursuites disciplinaires intentées à des fonctionnaires publics.

Les présentes dispositions seront appliquées dans les instructions concernant les délits d'injures qui auront été commis contre des fonctionnaires lors de l'exercice de leurs fonctions.

TITRE II. — Mode d'instruction dans les contraventions de police.

§ 111.

Les dispositions de ce titre sont applicables à toutes les instructions relatives à des contraventions de police dont la connaissance a appartenu jusqu'à présent à la direction de police.

L'administration de cette juridiction est retirée à cette direction, et attribuée à un juge spécial nommé par le tribunal de chambre et soumis à la surveillance de ce tribunal (§ 112).

La poursuîte des contraventions de police appartient à des procureurs de police (*Polizei-Anwalt*), auxquels seront appliquées les dispositions contenues au § 25 du premier titre (§ 113).

Les dispositions générales du premier titre concernant le débat oral devant le tribunal (§§ 15 jusqu'à 17), l'exclusion des moyens de contrainte contre le prévenu (§ 18), la preuve et le jugement (§§ 19 jusqu'à 22) sont également applicables aux contraventions de police (§ 114).

§ 115.

1. Mode de procéder ordinaire.

En première instance, les juges de police suivront ordinairement les prescriptions contenues aux §§ 26 jusqu'à 38.

Le prévenu peut se faire représenter par un commissaire de justice en qualité de mandataire (§ 115).

La voie de recours est admise contre le jugement de première instance, dans les dix jours à partir de la prononciation du jugement (§ 116).

Le recours doit être fondé sur des faits nouveaux, lesquels doivent être aussitôt justifiés (§ 117).

La déclaration en est faite devant le juge de police, soit sur procès-verbal, soit par acte écrit (§ 118).

La décision du recours appartient à une députation du sénat criminel du tribunal de chambre, composé de trois membres (*V.* § 24) (§ 119).

Il ne pourra pas être formé de recours ultérieur contre les décisions de cette députation (§§ 120, 121).

§ 122.

2. Mode de procéder par voie de mandat (*Mandats-Verfahren*).

Lorsque les faits donnant lieu à une poursuite en matière de contraventions de police sont dénoncés et attestés par un fonctionnaire public dans l'exercice de ses fonctions, et si le prévenu n'est pas amené devant le juge de police, celui-ci doit prononcer la peine et la faire notifier au prévenu par décret, avec la sommation de comparaître dans un délai de dix jours ou plus éloigné, faute de quoi la peine serait déclarée exécutoire (§ 122).

Le décret doit contenir les faits de la dénonciation, le nom du fonctionnaire dénonciateur et la disposition de la loi sur laquelle la peine est fondée (§ 123).

Si le prévenu comparaît au jour indiqué, il sera procédé conformément aux §§ 115 jusqu'à 121 (§ 124).

Il y a lieu à restitution si le prévenu peut, dans le délai de dix jours, justifier avoir été empêché par des circonstances importantes de se présenter (§ 125). Dans ce cas, un nouveau jour est indiqué pour l'examen, et il est procédé conformément aux §§ 115 et suivants (§ 126).

Le prévenu dont la demande en restitution est rejetée peut se pourvoir contre cette décision (§ 127).

§ 129.

3. Des frais.

Les dispositions du § 108 sont également applicables aux frais en matière de police.

Titre III. — Dispositions communes.

Les prescriptions de l'ordre de cabinet du 24 octobre 1838, relatives au maintien de la tranquillité et de l'ordre lors des débats judiciaires, seront appliquées dans les procédures introduites par la présente loi (§ 130).

Les prescriptions du Code d'instruction criminelle du 11 décembre 1805, et celles contenues dans la deuxième section du titre 35 du tome Ier du Code général, cessent d'être en vigueur en ce qu'elles sont contraires avec les dispositions de la présente loi (§ 131).

La présente loi est exécutoire à partir du 1er octobre de la présente année (§ 132).

Toutes les causes dans lesquelles l'instruction en première instance, y compris la défense, a été déjà close, seront jugées dans toutes les instances d'après les prescriptions en vigueur jusqu'à présent. Dans les autres instructions pendantes, il sera procédé conformément aux prescriptions de la présente loi.

Donné à Sans-Souci, le 17 juillet 1846.

L. S.   *Signé* FRÉDÉRIC-GUILLAUME.

DE ROCHOV, DE SAVIGNY, DE BODELSCHWINGH, UHDEN.

Pour légalisation, BODE.

SOMMAIRE.

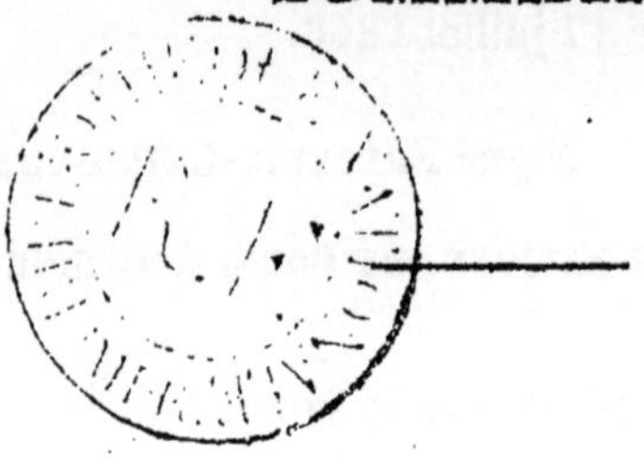

SECONDE PARTIE. — Loi du 17 juillet 1846.

ERRATA.

C'est en 1832, non en 1833, que furent présentés les trois projets de loi dont il est question au n° 8, page 11.

N° 14, page 20, lisez 21 *juillet* 1846 au lieu de 21 juin.

PARIS. — IMPRIMERIE DE FAIN ET THUNOT,
Rue Racine, 28, près de l'Odéon.